Hans Nitsche, Jürgen Nabbefeld (Hg.)

Sie gaben dem Evangelium ihr Gesicht – von Heiligen und anderen Lichtgestalten

Meditationen, Gebete, Texte – mit Bildern von Beate Heinen

2. veränderte Auflage

Herausgegeben von der Arbeitsgemeinschaft für interkulturelle Begegnung e.V., Olpe,
in Zusammenarbeit mit dem Katholisch-Sozialen Institut der Erzdiözese Köln, Bad Honnef

Hans Nitsche, Jürgen Nabbefeld (Hg.)
Sie gaben dem Evangelium ihr Gesicht – von Heiligen und anderen Lichtgestalten
Meditationen, Gebete, Texte – mit Bildern von Beate Heinen
2. veränderte Auflage

Bad Honnef 2008
ISBN 978-3-930500-12-3

c/o Katholisch-Soziales Institut, Selhofer Straße 11, 53604 Bad Honnef
Telefon 02224/955-0 · Fax 02224/955-100 · www.info@ksi.de

Gestaltung: K. Pagel, Bonn
Herstellung: DCM, Meckenheim

Vorwort

Warst du DU? (Grafik), Wassenach 1992

„Es ist die große Schar der Heiligen, der bekannten und der unbekannten, in denen der Herr das Evangelium die Geschichte hindurch aufgeblättert hat und aufblättert. In ihrem Leben kommt wie in einem großen Bilderbogen der Reichtum des Evangeliums zum Vorschein. Sie sind die Lichtspur Gottes, die er selbst durch die Geschichte gezogen hat und zieht. (...)
Im Auf und Ab der Geschichte waren sie die wirklichen Erneuerer, die immer wieder die Geschichte aus den dunklen Tälern herausgeholt haben, in denen sie immer neu zu versinken droht und immer wieder so viel Licht in sie brachten, dass man dem Wort Gottes, wenn vielleicht auch unter Schmerzen, zustimmen kann, der am Ende des Schöpfungswerkes gesagt hatte: Es ist gut."

Papst Benedikt VXI. beim Weltjugendtag 2005 [1]

Vorwort zur 2. veränderten Auflage

Wir haben es wirklich nicht für möglich gehalten: Unser Buch war innerhalb von 2 Jahren ausverkauft. Darum haben wir uns für eine Neuauflage entschieden – allerdings leicht verändert und an das Format unserer Reihe „Lebensweisheiten" angepasst. Wir danken dem Direktor des Katholisch-Sozialen Instituts, Herrn Dr. Ralph Bergold für seine tatkräftige Unterstützung.

Hans Nitsche   Jürgen Nabbefeld

Bad Honnef, im November 2008

Inhalt

Zur Heiligkeit berufen

von Hans Nitsche

Fragt man Menschen unserer Zeit „Was sind Heilige?“, dürften die Antworten sehr unterschiedlich sein: „Menschen mit besonderer Auszeichnung von Gott“, „Helfer in allen Notlagen“, „Exoten, die durch eine außergewöhnliche Lebensweise auffielen“ oder „Märtyrer“, „Wundertäter“ und „Glaubensvorbilder“. Für mich sind Heilige jene Menschen, die dem Evangelium ihr Gesicht geben; und für meinen Großvater waren Heilige „Fenster, durch die wir Gott erkennen“.

Ich erinnere mich noch genau an die Erklärung meines Großvaters, der mir die Heiligen anlässlich eines Kirchenbesuches in Form einer Geschichte nahez bringen versuchte. Wir waren in unsere schöne Pfarrkirche gegangen und bewunderten das von der Sonne inszenierte Farbenspiel in den Fenstern unserer Kirche. „Schau“, sprach mich der Großvater an, „dort oben siehst du unsere Heiligen. Dort ist der Hl. Nikolaus, der gerade ein Kind segnet, dort der Heilige Martin, der seinen Mantel teilt und dort die Hl. Elisabeth, die gerade Brot unter den Armen verteilt. Alle diese Heiligen sollen uns Vorbilder sein, auf dass wir ähnlich handeln und uns mutig zum Herrn bekennen. Sie sind jetzt in der Nähe unseres Herrgotts und strahlen mit ihrem Beispiel bis in unsere Zeit und bis in unsere Kirche hinein.“

Das Wort „Heilig“ ist vom althochdeutschen „heilag“ abgeleitet und bedeutet „erhaben über alles Irdische, von Gottes Geist erfüllt, gottgeweiht“. Es ist das Eigenschaftswort zu Heil, das sowohl „Heilung und Wohlergehen“ wie – im religiösen Sinn – „Erlösung im Glauben“ bedeuten kann.[2)] Als Erlöste im Glauben aber sind alle Christen zur Heiligkeit berufen. Alle Getauften zusammen bilden das heilige priesterliche Volk Gottes. In diesem Sinne spricht Paulus in seinen Briefen auch seine Adressaten als „Heilige“ an. Und das, obwohl er um deren menschliche Schwachheit wusste. Heilige sind wir nach Paulus allerdings nicht, weil wir besonders vollkommene Menschen wären, sondern weil wir von Gott berufen sind. Heilige sind wir, weil Gott uns liebt, weil sein Geist in uns wohnt und weil die Erlösung durch Jesus Christus auch uns zur Liebe befähigt hat.

Dem Evangelium (d)ein Gesicht geben, Wassenach 2002

Heilige sind uns Vorbilder im Glauben und in der Liebe. Sie lebten aus dem Geist der Nachfolge Jesu und wurden zu Leitbildern in der Geschichte. Sie werden verehrt und als Fürsprecher bei Gott angerufen. Man feiert ihre Gedächtnis- und Festtage und hält zu ihren Ehren Predigten und Messen. Die Gläubigen weihten ihnen Kirchen und Altäre und organisierten Prozessionen und Wallfahrten. Und alles im Bewusstsein, dass Heilige normale, fehlbare Menschen waren, aus denen die Gnade Gottes „Heilige" machte. Hinter ihrer Erscheinung verbirgt sich das unverwechselbare Antlitz Gottes; sie sind wie Puzzlesteine, aus denen man das verborgene Antlitz Christi zusammensetzen könnte.

Zu den Heiligen Gottes zählen überaus unterschiedliche Typen: Missionare und Kirchenreformer, Menschen der Nächstenliebe, Prediger und Nothelfer, Menschen des Geistes und Menschen der Tat. Darunter finden sich starke und schwache Charaktere, Kämpfernaturen und stille Dulder, Macher und Träumer, Genießer und Asketen, doch eben alles keine vollkommenen Menschen; denn Gott verlangt von den Heiligen keine Vollkommenheit, sondern lediglich das Streben danach.

Und darum gibt es eigentlich unendlich viel mehr Heilige als diejenigen, die nach oft langem Prozess kirchlich anerkannt und im Römischen Generalkalender vertreten sind. „Die Kirche", schrieb Notker Wolf, „wäre trotz der großen Zahl ihrer offiziellen Heiligen arm geblieben in ihrer Geschichte, wenn die Heiligkeit sich auf diese Menschen beschränkt hätte. Die namentlichen Heiligen waren und sind herausragende Gestalten, mit besonderer Verantwortung, an bevorzugter Stellung. Die Kirche wird aber getragen auch durch die vielen unbenannten und unbekannten Heiligen, die von Gott berufen sind und diesem Ruf in ihrem Leben folgen – eine Ermunterung für uns, wenn wir an unsere Unzulänglichkeiten und Grenzen stoßen."[3)]

Liebe ist ... (Grafik), Wassenach 2000

Heilige sind der Normalfall

von Joachim Kardinal Meisner

Therese vom Kinde Jesus wird mit dem Adjektiv „klein" definiert. Im Gegensatz zur Heiligen Teresia von Avila, die man auch die Große nennt, wird sie als die Kleine bezeichnet. Ihren Weg der Christusnachfolge kennzeichnet man ebenfalls als „Kleinen Weg". Unter ihren Geschwistern war sie die Jüngste, das heißt wiederum, die Kleinste. Mit 15 Jahren trat sie in den Karmel als jüngste, das heißt, als kleinste Kandidatin der Welt ein.

Zieht eine solche Gestalt heute noch Menschen an, die doch groß sein wollen? Ist ihr „Kleiner Weg" heute noch gangbar, da die meisten Zeitgenossen sich zu Großem berufen fühlen? Der Mensch ist ein „kleiner Gernegroß": großtuerisch, großrechnerisch und großspurig. Gott aber ist ein „großer Gerneklein", der sich in seinem Sohn Jesus Christus so klein gemacht hat, dass er in eine Krippe und auf ein Kreuz passte. Durch ihn aber sind wir in allem groß geworden.

Wo der Mensch groß tut, dort bleibt er auf seine kleinen Maße beschränkt. Wo sich aber der Mensch vor dem großen Gott klein weiß, wächst er über sich selbst hinaus. Das ist die Glaubens- und Lebenserfahrung der Heiligen Therese vom Kinde Jesus. (...) Der Wille Gottes drängte sie zum Karmel. „Deus semper maior" – „Gott ist der immer größere Gott". Er macht den Menschen wirklich groß, indem er ihn in seine großen Pläne hineinnimmt und an seinem Heilswirken zugunsten der Menschen beteiligt.

Das ist auch die Erfahrung der Mutter Christi, die sie im Magnifikat besingt: „Er hat Großes an mir getan." Ein Zwerg bleibt in Ewigkeit, wer sich an diesen großen Gott nicht heranwagt. Deshalb gehört die kleine Therese zu den großen Heiligen unseres Jahrhunderts. Sie ließ Gott groß in ihrem kleinen Leben sein. Therese zeigt uns sehr deutlich, dass der Heilige vor Gott nicht der Ausnahmefall, sondern der Normalfall ist.[4)]

Ich bin Dein Gott (Grafik), Wassenach 2004

Heiligsprechung

von Wolfgang W. Scherer

Streben nach Heiligkeit ist Nachfolge Jesu Christi. Mit Heiligsprechungen bestätigt die Katholische Kirche, dass die betreffenden Verstorbenen in ihrem irdischen Leben treue Nachfolger Jesu Christi waren und nun verherrlicht sind bei Gott. Seit den Anfängen der christlichen Religion hat die pilgernde Kirche das Gedächtnis der Verstorbenen mit großer Ehrfurcht gepflegt und hat auch Fürbitten für sie dargebracht. Insbesondere verehrten die verfolgten Gemeinden seit der Frühzeit der Kirche die Opfer der Verfolgung und orientierten sich an ihrem Vorbild. Das erste Zeugnis einer Heiligenverehrung betrifft den Märtyrer Polykarp (+ um 156).

Diese Verehrung wurde schon geübt, bevor eine theologische Rechtfertigung ihr ihren Platz im Glauben der Kirche zuwies. Da das Bekenntnis des Märtyrers und sein Tod allgemein bekannt waren, bedurfte es hinsichtlich einer Verehrung keiner vorhergehenden Untersuchung. Im Zusammenhang mit der Beendigung der systematischen Christenverfolgungen waren aber die Bischöfe genötigt, eine Entscheidung über die Legitimität eines Kultes zu treffen. Seit 1234 fällt dieser Akt ausschließlich in die Zuständigkeit des Papstes, wobei die erste Heiligsprechung durch einen Papst bereits 993 auf der Lateransynode mit der Heiligsprechung des Hl. Ulrich erfolgte.

Gerade die Heiligenverehrung war durch die Reformation angegriffen worden. Im Gefolge der Katholischen Reform wurde 1588 die „Ritenkongregation" gegründet. Einer ihrer Arbeitsbereiche war bis zu ihrer Teilung im Jahre 1968 die Durchführung der „Kanonisationsprozesse". Seit 1662 muss der Heiligsprechung die Seligsprechung vorausgehen. Seligsprechung ist die durch den Hl. Vater erteilte Erlaubnis zur eingeschränkten öffentlichen Verehrung eines vom gläubigen Volk als heiligmäßig angesehenen Menschen.

Papst Johannes Paul II. hat das Entscheidungsverfahren 1983 aus dem Codex Iuris Canonici herausgenommen und eigens mit der Apostolischen Konstitution „Divinus Perfectionis Magister" neu geregelt. Das Verfahren erstreckt sich über verschiedene Ebenen und berücksichtigt unterschiedliche Aspekte.

Spiegel Gottes (Grafik), Wassenach 2003

Alles nur Legende?

von Hans Nitsche

„Wer spricht heute noch von Heiligen?", sprach mich kürzlich eine Bekannte an, „das waren doch – gelinde gesagt – Exoten." Man weiß in der Tat oft nicht, was an ihren Geschichten dran ist. Was ist von ihren Legenden zu halten – z. B. vom Riesen Christophorus – und was bedeuten sie uns „aufgeklärten" Menschen?

Die bekannteste Legendensammlung ist die „Legenda aurea". Diese im 13. Jahrhundert vom Dominikanermönch Jacobus de Voragine geschriebene „Goldene Legende" war das populärste religiöse Volksbuch des Mittelalters und erwies sich im Laufe der Zeit als schier unerschöpfliche Quelle für Predigten, Erzählungen und die Kunst.

Es ist ein gerne gemachter Fehler, diese Legenden als bloße Märchen oder Beigaben und Ausschmückungen aufzufassen: Häufig durchdringen sie die Vita eines Heiligen und werden eine Art „Sichtbarmachung" der Gnade Gottes.

Vom Hl. Ignatius erzählt man, er habe nach seiner schweren Verwundung die Zeit im Krankenlager damit verbracht, Heiligenlegenden zu lesen; dies soll der Anfang seiner Bekehrung gewesen sein. Letztendlich sind Legenden seit vielen hundert Jahren nichts anderes als Erzählungen von Menschen, damit Gott ins Spiel kommt.

Auch in unserer Zeit blicken wir auf eine Fülle überzeugender Glaubensvorbilder, wie z. B. Mutter Teresa und Papst Johannes XXIII., oder die Märtyrer des Naziregimes, wie Edith Stein, Nikolaus Groß und Maximilian Kolbe. Selten zuvor hat ein Papst so viele Menschen selig und heilig gesprochen wie Johannes Paul II.. „Ein Heiliger", so formulierte er einmal, „ist in seinem Leben und Sterben eine Übersetzung des Evangeliums für sein Land und seine Zeit."

„Bei Papst Johannes Paul II.", schrieb Wolfgang W. Scherer, „waren Selig- und Heiligsprechungen Teil seines pastoralen Konzeptes: Vorbilder herausstellen, Identifizierungen ermöglichen, Lebensentwürfe bekannt machen, Zeugnisse präsentieren."

Damit Gott ins Spiel kommt, Wassenach 1999

Wie willst Du heilig werden...

von Karl-Josef Derckum

...wenn Du nicht dem Evangelium Dein Gesicht gibst?
...wenn Du die Botschaft Gottes nicht weiterträgst?
...wenn Du die Zeichen Gottes nicht beachtest?
...wenn Du zwar Dein Haupt, nicht aber Deine Seele vor Gott neigst?
...wenn Du Dich nicht auf Deinen Nächsten einlassen willst?
...wenn Du nur Deinen eigenen Vorteil suchst?
...wenn Du blind bist für das Wesentliche in Deinem Leben?
...wenn Du nicht verantwortungsvoll mit Deinen Talenten umgehst?
...wenn Du Dich nicht für den Frieden einsetzen magst?
...wenn Du Deine Eitelkeit als Tugend pflegst?
...wenn gesellschaftliche Verantwortung für Dich ein Fremdwort ist?
...wenn Du Dir keine Zeit für den Anderen nimmst?
...wenn Du nicht den Mut hast, auch mal gegen den Strom zu schwimmen?
...wenn Du die Regungen Deines Gewissens nicht beachtest?
...wenn Du Deiner Kirche nicht den Rücken stärkst?
...wenn Du Dich nicht für Gottes Schöpfung stark machst?
...wenn Du Dich dem Anruf Gottes verschließt?
...wenn Du nicht Dein Kreuz für Christus auf Dich nimmst?

Da ist ER erstanden (Grafik), Wassenach 1999

Heiliger Benedikt

von Benedikt Müntnich

Ein Benediktiner muss bei dem frühen Bild von Beate Heinen an die Ordensregel des heiligen Benedikt denken und natürlich an diesen Heiligen selber, der ungefähr von 480 bis 550 gelebt und das Kloster Montecassino gegründet hat. Zum Mönch gehört für ihn das Buch, näherhin das Buch der Heiligen Schrift. „Müßiggang ist der Feind der Seele", sagt Benedikt. „Deshalb sollen sich die Brüder zu bestimmten Zeiten mit Handarbeit und zu bestimmten Stunden mit heiliger Lesung beschäftigen." Von Benedikt wissen wir, dass er in seiner Klosterzelle auf dem so genannten Psiathion, einer Binsenmatte, betete. Das war ein betendes Lesen, wie er es in seiner Regel beschreibt: „Heilige Lesungen gern hören. Sich oft zum Beten niederwerfen." Die Bibel ist für ihn die „verlässliche Wegweisung für unser menschliches Leben."

Das erkenne ich in diesem Bild. Es ist ganz wesentlich, konzentriert. Zuerst fällt der Blick auf den roten Einband oder Schnitt des Buches, das der heilige Benedikt hält, und von dort auf die Sonne, die noch verhalten glüht. Auf jeden Fall besteht ein Zusammenhang. Dann ist da ein Baum, ziemlich mächtig, noch ohne Blätter, vielleicht etwas bereift. Es ist Winter. Und im Hintergrund steht das wuchtige Bauwerk einer Kirche.

Das alles ist offenbar eine Komposition. Ich stelle mir vor, dass diese Winterlandschaft sich verwandelt: dass die Sonne warmes Licht spendet und der Baum Blätter treibt. Dann würde sich auch die Kirche verändern. Ihre Konturen wären klar zu erkennen, die kalten Steine würden warm. Man hätte das Verlangen hinzugehen und einzutreten.

Das Wort Gottes verwandelt. Es macht im Herzen warm. Es bringt Frucht in uns „dreißigfach, sechzigfach, hundertfach" (Mk 4,8) und Segen für die ganze Welt.

Heiliger Benedikt, Engelberg 1970

Heiliger Franziskus

von Franz Lurz

Was ist nicht alles eingefangen und lebt in diesem Bild in der Berührung durch den Hl. Franziskus – Die Vogelpredigt ist präsent, der Wolf von Gubbio, der Sonnengesang,
und mit ihm diese kompromisslose Liebe zur ganzen Schöpfung,
aber auch das Geheimnis der Menschwerdung und Geburt des Gotteskindes,
dem er so unvergesslich in der Krippe von Greccio Ausdruck und Gestalt gegeben hat,
ist gegenwärtig in dem Menschenpaar im Hintergrund, und darin Gottes Liebe zum Menschen,
den er ja nach seinem Bild und Gleichnis „so wunderbar erschaffen,
und noch wunderbarer erneuert" hat (Weihnachtsoration).

Alles atmet eine wunderbare, liebenswürdige Einfachheit, ist von so ursprünglicher Naivität,
dass man dem Bild einfach vertraut, oder ist es genauer der heilige Franziskus selbst,
der eben so ins Bild gebracht ist, und der diese Botschaft vermittelt,
sie ja geradezu buchstäblich verkörpert.

Von ihm geht jene offene Empfänglichkeit aus für all das, was uns von Gott geschenkt ist
und uns durch seine Schöpfung zukommt, und so erfüllt wird er, der Heilige,
selbst durchlässig und schenkt weiter, was er umsonst empfangen hat.
Er hält nicht fest und bindet nicht an sich, und das macht ihn am Ende so lichtvoll,
offen für die andern, für alle.

Das macht die naive Leichtigkeit dieses Bildes aus, dass es die Gestalt des Heiligen selbst ins Licht bringt, Begegnungen, Worte und Geschichten, die sich um ihn ranken,
fast schwerelos erscheinen lassen.

Heiliger Franziskus (Grafik), Wassenach 1999

Hl. Franziskus (Grafik), Wassenach 1998

Der englische Schriftsteller G. K. Chesterton (1874 – 1936) schreibt einmal in einem bestimmten Zusammenhang:

> *Engel fliegen, weil sie sich selbst leicht nehmen....*
> *Der Mensch neigt dazu, sein Ich zu wichtig zu nehmen, denn das ist das Leichteste, was man tun kann....*
> *Es ist bequem, schwer zu sein, doch schwierig ist es, leicht zu sein.*

Das mag es wohl sein, was den heiligen Franziskus so liebenswert macht und was ihn für so viele Menschen durch alle Zeiten hindurch so zugänglich und zu einer Lichtgestalt der Geschichte macht: Leichtigkeit, die den Engeln und den Kindern Gottes zukommt, da sie sich ganz und vorbehaltlos dem Licht Gottes öffnen.

Vom Hl. Christophorus

von Beate Heinen

Christophorus wurde gegen Ende des 2.Jahrhunderts in Kanaan als Sohn nichtchristlicher Eltern geboren. Er erhielt den Namen Reprobus. Er wuchs und wuchs und war schließlich außergewöhnlich groß und stark. Weil er so riesig war, hatte er sich vorgenommen, nur dem mächtigsten Herrn der Welt zu dienen.

Ein frommer Einsiedler hatte ihm dazu einen Tipp gegeben: „Mein Sohn, hörst du das laute Rauschen in der Ferne? Geh nur diesem Geräusch nach und du wirst einen sehr großen und auch wilden Fluss finden. Viele Menschen, die, um zu ihrem Ziel zu kommen, diesen Fluss überqueren mussten, sind schon von dessen Gewalt mitgerissen worden und elendiglich ertrunken. Du aber bist so groß und stark, dass du ohne viel Mühe die Leute von einem zum anderen Ufer tragen kannst, ohne dass ihnen ein Leid geschieht. Verrichtest du diesen Dienst an den Menschen, so sage ich Dir, wirst du auch Jesus, den Herrn der Welt, finden!"

Eines Tages – es war eigentlich ein stiller und freundlicher Sommertag, an dem das Wasser des oft so wilden Flusses eher träge und beschaulich dahinfloss – klopfte ein kleiner Junge an die Türe der Hütte. Die Ziege, die sonst jeden Wanderer von fern schon mit lautem Meckern ankündigte, war ganz still – so, als ob sie den Jungen schon kennen würde.

„Bitte, trag mich über den Strom", sagte das Kind. „Klar doch", schmunzelte Reprobus, „und deinen Vater und deine Mutter und deine Geschwister noch dazu!" Der kleine Junge entgegnete freundlich: „Nein, nur mich, bitte." „Wenn's weiter nichts ist, dann machen wir zwei halt einen kleinen Erfrischungsspaziergang ans andere Ufer, du Knirps!" Damit hob Reprobus den Knaben auf seine Schultern, nahm seinen alten Stecken und stapfte in den Fluss hinein.

Je weiter er ging, um so schwerer wurde das Kind auf seinen Schultern. „Ich werde alt und schwach", dachte Reprobus erstaunt, ließ sich aber nichts anmerken. Obwohl das erfrischende Wasser ihm schon bis zur Brust ging, lief ihm der Schweiß in Strömen über das Gesicht vor Anstrengung.

Am anderen Ufer angekommen, musste er sich tatsächlich erst mal hinsetzen. Er wischte sich den Schweiß von der Stirne und seufzte: „Ich dachte, ich sollte einen kleinen Jungen hinübertragen, dabei war er so schwer wie die ganze Welt!" Das Kind war behende von Reprobus' Schultern heruntergesprungen und stand nun vor ihm, leuchtend und hell. „Ich bin der Herr der ganzen Welt, stärker als alle Könige und das Böse. Ich bin Jesus, den du suchst. Und weil ich stärker bin als alles, kann ich es mir leisten, schwach zu sein. Darum bin ich als hilfloses Kind auf diese Welt gekommen."

Da fiel Reprobus auf die Knie und stammelte: „Mein Herr und mein Gott!" Das Kind lächelte und zeichnete mit seinen kleinen Fingern ein Kreuz auf Reprobus Stirn. Dazu musste es sich auf die Zehenspitzen stellen, denn obwohl der Riese kniete und sich dazu noch herabbückte, war er immer noch sehr groß. „Von heute an sollst du Christophorus heißen, Christusträger, weil du mich gefunden und getragen hast. Für immer sollst du nun mein Diener sein und wissen, dass in jedem Menschen, den du über den gefährlichen Fluss trägst, auch ich anwesend bin."

Damit verschwand der Junge und Christophorus stand allein am Ufer. Der alte Stecken, den er schon lange mit sich trug, war in Blüten ausgebrochen vor Freude über die Gegenwart des allmächtigen Schöpfers. Nachdenklich und unendlich glücklich watete Christophorus zurück zu seiner Hütte. Die Menschen, die er fortan über den Fluss trug, lud er nicht selten zu einem Gastmahl in sein Haus ein, zu Ziegenkäse, Wildkräutersalat und mit Eiern gebratenen Pilzen. Er wusste ja: In jedem Menschen begegnete er Christus, besonders in jenen, die seine Hilfe brauchten.

Der Hl. Christophorus wird heute als einer der „Vierzehn Nothelfer" verehrt; er ist uns vor allem bekannt als Schutzpatron der Autofahrer. Auf seine Fürsprache hin mögen wir vor Unglück und plötzlichem Tod bewahrt sein.

Für Christoph (Ausschnitt), Wassenach 2001

Heiliger Martin!

von Martin Lohmann

Mit Dir haben wir einen der edelsten Fürsprecher bei Gott.
Mit Dir können wir sicher sein, bestens vertreten zu werden
beim himmlischen Vater.
Mit Dir ist uns ein wahrer Ritter nach dem Herzen Jesu geschenkt.
Dich rufen wir mit Freuden an.
Dich bitten wir mit Freuden, für uns zu bitten.
Dich machen wir mit Freuden zu unserem Stellvertreter vor Gott.
Denn Du warst und bleibst begnadet.
Denn Dein Leben war und bleibt ein Vorbild.
Denn Dein Zeugnis überzeugt auch uns heute.
Du hast mitten im Leben Christus erkannt.
Du hast mitten im Leben im Nächsten das Antlitz Gottes entdeckt.
Du hast mitten im Leben voll und ganz Ja gesagt zum Ruf des Herrn.
Dein Vertrauen in den gütigen Vater war grenzenlos.
Dein Glaube an seine Gegenwart war durchleuchtet von Barmherzigkeit und Güte.
Dein Ehrgeiz gipfelte im Dienen.
Durch Dich bekam die Christenheit eine neue geistige Tiefe.
Durch Dich als Bischof wurden Kirche und Welt neu miteinander verwoben.
Durch Dich wurde Christus neu sichtbar.
Mit Dir wollen wir lernen, die wahre Größe des Herzens zu suchen.
Mit Dir wollen wir üben, mehr und mehr unser Leben auf Gott zu werfen.
Mit Dir wollen wir versuchen, das Teilen zu lernen.
Sei Du unser ritterlicher und sensibler Fürsprecher beim Vater.

Sei Du unser bischöflicher Freund
im Himmel.
Sei Du unser klarer Bote bei Gott.
Trage unsere Bitten vor Ihn.
Trage unsere Sehnsüchte zu Ihm.
Trage unsere Wünsche zum Herrn.
Vermittle Du uns mehr Demut.
Vermittle Du uns mehr Glauben.
Vermittle Du uns mehr Vertrauen.
Wir danken Gott für das Geschenk
Deiner Heiligkeit.
Wir bitten Gott um das Geschenk
unserer Heiligkeit.
Wir preisen Gott für die Gnade
seines Heils.
Amen.

St. Martin (Grafik), Wassenach 2000

Nikolaus heute

von Ulrich Schach

So um die 20 Jahre waren wir, hielten uns für sozial engagiert, und übers Wochenende renovierten wir ein Jugendheim, das früher als Bäckerei genutzt wurde. Nach getaner Arbeit saßen wir am Abend in der alten Backstube beieinander in gemütlicher Runde. Ja, es war Advent, d. h. Glühwein, Plätzchen und allerlei romantische Gedanken, die sich bekanntlich in diesem Alter besonders gut entwickeln.

Ein Rumpeln an der Türe sollte mein Leben verändern. Nikolaus stand vor uns, begleitet von einem netten Engelchen, auch um die 20, blond, lange Haare. Viel wusste er zu erzählen – und zu jedem etwas. Natürlich waren uns Stimme und Auftreten vertraut, aber es war nicht der Hans, und es war auch nicht die Myriam, es war ein Nikolaus mit seinem Engel. Nachdem ein Lied gesungen war, erhielten wir unsere Geschenke. Wir waren ergriffen von dieser Überraschung und freuten uns wie kleine Kinder.

„Wem so viel Gutes widerfährt, dem ist es eine Nachahmung wert." Es dauerte nicht lange, bis ich beschloss, es dem heiligen Nikolaus nachzumachen. Gute Freunde, ein paar Kontakte, die Bischofsmütze aus einem Geschäft für Messgewänder .... der Nikolauskoffer war fertig. Bart und weiße Handschuhe müssen von Zeit zu Zeit erneuert werden.

Seit jenem Abend habe ich schon über 100-mal das Gewand getragen, aus dem goldenen Buch vorgelesen, Geschichten für Erwachsene und Kinder erzählt und immer wieder Geschenke verteilt. Kinder freuen sich und Erwachsene können es fast nicht begreifen. Der Nikolaus kommt zu ihnen, hat ihnen etwas zu sagen und beschert ihnen ein Minutenglück.

Doch es dauert länger, es dauert Tage und Monate, in vielen Telefonaten wird von diesem Moment berichtet, und man sehnt sich nach dem Nikolaus. Hoffentlich kommt er nächstes Jahr wieder – oder war ich nicht brav?

St. Nikolaus (Grafik), Wassenach 2000

Jakobus, der Wegbegleiter

von Ulrich Karrasch

Aus der Pfarrkirche St. Jakobus in Oberhausen bewegt sich ein Menschenstrom auf den Weg nach oben. Mitten auf dem Weg sehen wir die Darstellung des Apostels Jakobus, erkennbar an Pilgerstab, Pilgerhut und Muschel. Das Ziel des Weges ist Jesus Christus, dargestellt durch das Kreuz im oberen Bereich des Bildes.

Nicht irgendwelche Menschen auf der Welt sind gemeint, sondern die Menschen der Pfarrgemeinde St. Jakobus, deshalb ist als erkennbares Zeichen die Pfarrkirche zu sehen. Aber sie sollen nicht nur als Sonntagschristen leben, sondern sich auch im Alltag, bei der Arbeit, in der Schule, in der Familie als Christen bewähren; deshalb hat die Künstlerin als Bereich des Alltäglichen den Förderturm der Zeche Osterfeld gemalt. Der Weg ist nicht gradlinig, sondern eine kurvenreiche Strecke, man kann auf diesem Weg ins Schleudern geraten; es scheint auch ein steiler Weg zu sein und nicht alle finden so ohne weiteres den Weg, manche kommen auf Abwege, sind ohne Orientierung und Ziel, bleiben hängen und verheddern sich in Schuld, wie das verlorene Schaf am linken Bildrand. Umso wichtiger ist es, einen Wegbegleiter zu haben: Jakobus will unser Wegbegleiter sein. Im Jakobuslied heißt es: „Jakobus möge uns begleiten, helfend uns zur Seite sein."

Den Weg können wir nur finden und das Ziel unbeschadet erreichen, wenn wir einander helfend zur Seite stehen; deshalb reicht auf dem Bild einer dem anderen die Hand. Der Weg des Bildes ist unser Lebensweg, gerade da sind wir auch aufeinander angewiesen. Umso wichtiger ist es, dass wir Wegbegleiter haben und Helfer auf dem Weg, dessen Ziel Christus selbst ist. Auf dem Bild ist das Ziel durch das Kreuz dargestellt. Dieser Weg ist aber auch gleichzeitig ein Weg aus dem Dunkel in das Licht; deshalb wird die Steinstruktur nach oben immer heller, immer lichter. Auf dem Bild stützt sich Jakobus auf den Pilgerstab, aber gleichzeitig verschmelzen Stab und Kreuz. Jakobus stützt sich also auch auf das Kreuz, er stützt sich auf Jesus Christus selbst. Beten wir darum, dass auch wir uns – wie Jakobus – auf Christus stützen.

St. Jakobus, Wandbild, auf Holzplatten gemalt,
6,50 x 3,13 m, Oberhausen 1995

Die Hl. Hildegard

von Hildegard Häner

Hildegard ist eine große Heilige; sie war eine kluge und mutige Frau, die selbst nicht davor zurückschreckte, dem Papst und dem Kaiser mitsamt seinen Politikern über deren missliche Politik deutlich die Meinung zu sagen. Sie war durch und durch gläubig, politisch engagiert und naturwissenschaftlich hochgebildet: Ihre Kenntnis von Pflanzen und deren medizinische Anwendung und Wirkung behielten Bedeutung bis in unsere Zeit. Immer wieder hört man den Hinweis, Hildegard sei die „erste Ärztin" gewesen; ihre in zahlreichen Büchern zusammengefassten Erläuterungen sind bis heute gefragt.

Hildegard, 1098 geboren, war Tochter eines Edelmannes aus der Nähe von Alzey und wurde von ihrer Verwandten im Kloster Disibodenberg erzogen. Nach deren Tod gründete die Heilige auf dem Rupertsberg bei Bingen ein eigenes Kloster sowie das bis heute bestehende Tochterkloster Eibingen auf der anderen Rheinseite. Sie begann recht bald zu schreiben und wurde dabei vom Hl. Bernhard von Clairvaux unterstützt. Ihr Buch „Wisse die Wege des Herrn" erfreut sich bis heute ungebrochener Nachfrage. Völlig untypisch für die damalige Zeit, verließ Hildegard sogar ihre Klausur und predigte auf dem Trierer Marktplatz bzw. beriet den in der Nähe weilenden Kaiser.

Doch die Hl. Hildegard war mehr als eine politische oder medizinische Beraterin; sie war Prophetin und Seherin, und so deute ich sie auch auf dem Bild von Beate Heinen. Das Bild erinnert mich an eine Vision der Heiligen, die in einem ihrer Bücher schrieb: „Es kam ein feuriges Licht mit Blitzesleuchten vom offenen Himmel auf mich nieder. Es durchströmte mein Gehirn und durchglühte mein Herz und meine Brust gleich einer Flamme, die jedoch nicht brannte, sondern wärmte."

Heilige Hildegard, Du Fürsprecherin bei Gott:
Schenke auch uns diese Wärme und den Blick für die wunderbare Natur.
Gib uns die Kraft zu politischem Engagement und schenke uns den Mut,
uns für soziale Gerechtigkeit einzusetzen.

Hildegard von Bingen, Krefeld 1997

Heilige Elisabeth

von Elisabeth Wiedemann

Ob sich Elisabeth von Thüringen (1207 bis 1231, Fest am 19. November) wohl irgendwann gewünscht hat, man möge in späterer Zeit in ihr eine Frau sehen, die fest verankert im christlichen Glauben war, sich der Fröhlichkeit, Liebe, Armut, Demut zu öffnen wusste und praktische Nächstenliebe lebte?

Beispielhaft setzte sich die Königstochter und Frau des thüringischen Landgrafen Ludwig IV. mit allen ihren Mitteln für soziale Gerechtigkeit und Caritas ein. Dabei mied sie das, was manche heutige „Wohltäter" suchen: das laute Getöse von Öffentlichkeitsauftritten, Medienrummel und Scheinwerferlicht. Im Gegenteil, sie sagte: „Wie kann ich eine goldene Krone tragen, wenn der Herr eine Dornenkrone trägt?" Kein Wunder, dass Elisabeth für einige ihrer Zeitgenossen überaus unbequem war, ein rotes Tuch.

Mir ist mein Vorname Elisabeth sehr wichtig geworden. Ich erinnere mich noch gut an den mehrfachen Hinweis meines Vaters in Kindertagen, mich nicht mit Kurzformen anreden zu lassen. „Elisabeth" sei nicht nur ein schöner, sondern vor allem ein bedeutungsvoller Name: Die Hl. Elisabeth habe fest an Gott geglaubt, sich bemüht, im Vertrauen auf ihn zu leben und Gutes getan, auch wenn sie vermutlich wie jeder Mensch ihre Schwächen gehabt habe.

Bis heute klingen diese Worte meines Vaters in mir nach. Ich durfte erleben, dass meine Eltern durch ihren christlichen Glauben in den wichtigen Fragen des Lebens einen klaren Standpunkt hatten, der sie oft genug dem Zeitgeist widersprechen ließ. Dabei strahlten sie eine innere Zufriedenheit aus. So vermittelten sie mir mit Blick auf die Hl. Elisabeth, dass es froh machen kann, sich selbst treu zu bleiben, trotz mancher Schwierigkeiten den eigenen Weg zu gehen und für andere da zu sein.

Heute sehe ich in der Hl. Elisabeth vor allem eine eigenständige junge Frau, die trotz ihrer gesellschaftlichen Stellung nicht nach Macht, Besitz, Ansehen und guter Versorgung strebte, sondern freiwillig von ihrer Burg hinabstieg zu den Hilfsbedürftigen.

Hl. Elisabeth, Brohltal 1981

Sie informierte sich über deren Situation, sah ihre Notlage, ging dann zu ihnen, sprach mit ihnen und schenkte ihnen Liebe, Zuwendung und Brot.

Angeblich soll sie sogar alle in der Burg vorhandenen Lebensmittel verschenkt haben; und diesen Moment zeigt das Bild von Beate Heinen: Hilfe suchende Hände strecken sich Elisabeth entgegen, leidgeplagte, erwartungsvolle Gesichter schauen sie an, eher skeptisch blickt eine Frau. Wer weiß, welche Schrecken sie schon durchlebt hat? Indem Elisabeth diese Frau berührt, gibt sie einer Elenden, von der Gesellschaft Verachteten, ihre einmalige Würde.

Hier sehe ich einen Satz verbildlicht, den mir einmal der Theologieprofessor Johannes Niggemeier aus Paderborn (er bemüht sich seit 1985 in der brasilianischen Millionenstadt Nova Iguacu, der gewalttätigsten Region der Welt, in einer ganzen Reihe von Projekten um ein besseres Leben für Straßenkinder und Favela-Bewohner) schrieb: „Diese Menschen – zerdrückt von Hunger, Krankheit, Analphabetismus, Armut, Drogen und Gewalt – sind unseren gemeinsamen Einsatz wert. Sie sind Gold wert, jedes einzelne Gesicht fordert mich heraus."

Elisabeth von Thüringen fordert uns alle heraus, Phantasie, Kraft und Durchhaltevermögen zu entwickeln, das Leben der benachteiligten Menschen gerechter und menschenwürdiger zu gestalten.

Die uns von ihr überlieferte Aufforderung „Lasst uns die Menschen froh machen!" kann uns anstecken, anderen gerne und viel zu schenken: Liebe, Zuwendung, Brot und all das, was zum Leben notwendig ist; sie kann uns anstecken, den anderen als Schwester und Bruder zu sehen, sich mit ihm verbunden und verwandt zu fühlen. Und solche Geschenke kommen zurück: Gebende werden froh, glücklich und zufrieden.

Elisabeths Einsatz für die Hilfsbedürftigen zieht Kreise – bis heute.

Brief an eine Heilige

von Elisabeth Heinen

Liebe Hl. Elisabeth! Wie gefällst Du Dir auf dem Bild? Du bist so dargestellt, wie wir Dich uns heute vorstellen können, wie Du uns in den Legenden gegenübertrittst. Eine junge Frau mit klugen, von Anteilnahme geprägten Gesichtszügen, vertieft in ihre selbstgewählte Aufgabe, Hungernden Nahrung zu geben. Deine Gestalt verschmilzt fast mit dem Hintergrund der grünen Hügel, auf denen am Horizont die Wartburg zu sehen ist: Deine Residenz, wo Du das Dasein genießen und ein Leben in Saus und Braus führen könntest. Aber das tust Du nicht.

Im Mittelpunkt des Bildes steht die Gabe, die Hingabe und Hinwendung zu den Menschen – im Zentrum steht das, was Dein Leben wie ein roter Faden durchläuft und Dich unvergesslich macht: die Nächstenliebe.

Den Überfluss, in dem Du lebtest und der das Ungleichgewicht zu Deinen Untertanen kennzeichnet, hast Du positiv genutzt, ihn zum Segen gemacht.

Auf himmlische Wunder hast Du vertraut wie Jonathan, der kleine Junge mit den Broten und den Fischen. Er gab sie Jesus, der sie auf wunderbare Weise vermehrte. Du hast Dein Leben in Gottes Hände gelegt , und er vermehrte durch Dich auf wunderbare Weise das Gute. Und so wurdest Du durch das Schenken selbst zum Geschenk.

Es stellt sich die Frage, wie Du wohl heute auftreten würdest, ob und wie Du Dich verändert hättest im Laufe der Zeit vom 13. Jahrhundert bis ins Jahr 2005?

Du würdest wohl nicht mehr auf der Wartburg wohnen, die längst eine Touristenattraktion ist. Dein Mann wäre heute vielleicht ein Industrieboss mit einem dicken Benz und einem vollen Terminkalender. Einer, der Dich verstehen würde und den Du auch sehr lieben würdest, aber dessen innerer Drang, das Gute zu tun, dennoch nicht so groß wäre wie bei Dir.

Ebenso wie damals würdest Du ausbrechen wollen aus der oberflächlichen, luxusorientierten Gesellschaft, die Dich umgibt. Anstatt Deiner Jugend und einem perfekten Äußeren hinterherzurennen, wärst Du wohl in einer der verbliebenen Kirchen anzutreffen, die auch schon von der Schließung bedroht ist. In der ruhigen Kühle des Gotteshauses könntest Du Dein Zuhause finden, würdest den Geistlichen lauschen, denen Deine Zeitgenossen immer seltener zuhören. Du würdest Dich nicht nur ehrenamtlich für andere engagieren, Du würdest ganz nach Deiner Natur Dein ganzes Leben für Deine Sache einsetzen. Denn Dein Name bedeutet weiterhin: Die auf Gott schwört. Und deshalb bist Du nie allein.

Das würdest Du auch den Hungernden unserer Tage zeigen: den Arbeitslosen, den Flüchtlingen, den Opfern von Kriegen, den Junkies, den Alten und Einsamen. Denen, die ein Vakuum in sich fühlen oder von der Gesellschaft an den Rand gedrängt werden. Die nicht mehr oder noch nicht auf Gott vertrauen. Und deren Leben zwar angefüllt, aber nicht erfüllt ist.

Die Wunder beständen heute nicht mehr in dem Brot, das zu Rosen wird oder in vermehrten Fischen. Die heutigen Wunder wären Menschen, die nach einer Begegnung mit Dir über ihr Leben auf eine neue Weise nachsinnen unter Einbeziehung des Gedankens an Gott.

Hl. Elisabeth, Du bist gewiss viel zu bescheiden für diesen Titel, aber Du bleibst trotzdem ein Vorbild für viele Menschen, auch heute noch. Nicht nur für die Frauen, die Deinen Namen tragen.

Das sollt ihr Heiligen ja auch sein: Vorbilder, Ideale, gegen die die heutigen Medienidole blass aussehen. Denn die kochen nur mit Wasser, während ihr sozusagen mit Weihwasser kocht...

Dort, wo Menschen ineinander ihren Nächsten sehen und ihn auch so behandeln, blitzt täglich etwas von Deinem Geist, von dem erfüllten Wunsch Gottes durch.

Bitte ihn für uns, dass unsere Welt nicht zugrunde geht, dass die Menschen weiterhin einen Anhaltspunkt sehen in Dir und Deinem Wirken, das immer aktuell bleiben wird.

Gott loben (Grafik), Wassenach 2003

Heiliger Antonius

von Beate Heinen

Für Antonia:

Ein gütiger, freundlicher Namenspatron möge dich durch dein Leben geleiten.
In den bergenden Falten seiner Kutte
möge er dir Schutz gewähren.
Seine Hand möge dich schützen und leiten.

Das göttliche Kind auf seinem Arm sei dir wie zum Greifen nahe.
Auch, wenn du es oft im Leben
nicht sehen kannst:
Es ist dir zugeneigt
und will dich mit offenen Armen umfangen.

Und wenn es einmal stürmt und blitzt, gewährt es dir Schutz
wie unter einem gläsernen Schirm.

Das Samenkorn deines Lebens möge aufwachsen zu einer kostbaren Blüte.

Dein Schiff möge einem hellen Ufer entgegensegeln,
und du sollst nicht vergessen,
dass die Sonne der Liebe Gottes
stets über dir leuchtet
und niemals untergeht.

Hl. Antonius, Wassenach 2001

Heilige Irmgardis

von Beate Heinen

Wie ein blauer Traumteppich ist der Hintergrund, aus dem uns die Hl. Irmgardis entgegentritt. Sie stützt sich auf den Pilgerstab, der auch ein Kreuzesstab ist. Sie ist gekleidet in die Tracht, die hochgeborene Frauen ihres Jahrhunderts trugen. Ein vornehmes Gewand in fürstlichem Rot, der Farbe des Lebens und der Liebe.

Gewiss ist sie ihren Pilgerpfad auf Erden in dieser Liebe gegangen, und gewiss war der am Kreuz die Quelle und Kraft, aus der sie schöpfte, um mit ihrem unermesslichen Reichtum Gutes zu tun und als kluge Verwalterin zu bestehen.

Viele Legenden ranken sich um St. Irmgardis, die etwa vor 1000 Jahren geboren und der Überlieferung zufolge an die 90 Jahre alt wurde. Bis heute gehen die Forschungsergebnisse und Meinungen der Historiker auseinander, und uns bleibt eine Frau, die vor langer Zeit ihr Leben so gelebt hat, dass wir noch heute an sie denken und sie als Heilige verehren.

In dem Traumteppich der Geschichten und Legenden, die untrennbar miteinander verwoben sind, ragt neben der Heiligen die Burg Aspel auf. Diese Burg, auf der sie geboren wurde, ist auch als verwittertes Fresko in der Agneskapelle im Hohen Dom zu Köln zu sehen: Eine abenteuerliche Architektur, die den Gedanken nahelegt, dass die Bewohner der Burg schon fast im Himmel lebten...

Daneben, in den Wäldern des Heiligen Berges, die Einsiedelei von Süchteln, in die sich Irmgardis einige Zeit zurückgezogen hat, um wie Jesus vor seinem öffentlichen Wirken Kraft in der Stille zu finden. Danach soll St. Irmgardis nach Köln gegangen sein. Dort kaufte sie hinter dem Dom, dessen Silhouette im Bild angedeutet ist, ein Haus, aus dem sie ein Krankenhaus machte. Sie selbst lebte auch in diesem Gebäude und pflegte die Kranken und Sterbenden.

Die kleine Gruppe von Armen, Kranken, Kindern und Hilfsbedürftigen sollen sowohl die Menschen darstellen, denen Irmgardis zu Lebzeiten nahe war, als auch uns, die wir heute mit unseren Anliegen und Nöten zu ihr kommen und um ihre Hilfe bitten.

Hl. Irmgardis, Wassenach 1999

Auf dem Holzdeckel des steinernen Hochgrabes, in dem die Reliquien der Heiligen im Kölner Dom in der Agneskapelle ruhen, ist in der Mitte ein Wappen geschnitzt. Es zeigt ein einfaches Kreuz. Obwohl dieses Wappen vermutlich nicht das des Grafengeschlechtes ist, dem St. Irmgardis entstammte, so ist es doch passend für ihr Leben und ihre tiefsten Wurzeln.

So ziehen sich auch die Linien des Gerokreuzes im blauen Hintergrund durch das ganze Bild. Horizontal wie vertikal. Vor diesem Kreuz, das mächtig und in strahlendem Gold im Kölner Dom zu sehen ist, soll Irmgardis oft gebetet haben. Und die Legende weiß, dass der Gekreuzigte ihr sogar einmal das Haupt entgegengeneigt und gesagt haben soll: „Meine geliebte Tochter, ich danke dir!"

In diesem Bild ist St. Irmgardis sowohl dem Gekreuzigten als auch den Menschen zugewandt. Und Jesus schimmert durch sie hindurch, scheint liebevoll den Arm um sie zu legen.

Am unteren Rand des Gemäldes sind die Wellen des Rheines angedeutet, des Niederrheines und des Rheines bei Köln. Auf der kleinen Halbkugel, die Symbol für die Welt sein soll, steht Irmgardis fest mit beiden Füßen. Aber ihr Herz und ihr Haupt ragen in den Himmel hinein.

Da bleibt nur noch das kleine Kamel zu deuten, das in der linken unteren Bildecke elegant durch ein Nadelöhr steigt. Jesus hat gesagt: „Eher geht ein Kamel durch ein Nadelöhr, als ein Reicher in das Himmelreich ein."

St. Irmgardis hat mit ihrem Leben gezeigt, dass auch ein sehr reicher Mensch in den Himmel kommen kann, wenn er sich ganz klein macht und seinen Reichtum dazu nutzt, Gutes zu tun und so seinen Auftrag in der Welt erfüllt.

… aus Liebe (Grafik), Wassenach 2002

Moses – wenn der Schuh drückt ...

von Leo Wiszniewsky

In einer ziemlich trostlosen Situation flüchtet der schuldbeladene und jähzornige Moses in die Wüste und wird Schafhirte. Einst am Hof des Pharao bestens ausgebildet, hütet er nun Schafe! Er fühlt sich unfähig, gescheitert, solange sein eigenes Volk unfrei ist und leidet. Schon lange drückt ihn hier der Schuh. Gott ist kein Sklavenhalter, der wie ein Pharao über Moses und dessen Landsleute verfügt. Er sucht ihn in der Steppe auf und ergreift die Initiative, indem er die Neugierde des Moses erweckt. Als dieser zum brennenden Dornbusch herantritt, um einem Naturphänomen auf den Busch zu klopfen, sagt eine Stimme: „Moses, Moses, komm nicht näher, zieh deine Schuhe aus, hier ist heiliger Boden!"

Erschrocken verhüllt er sein Gesicht, streift seine Schuhe ab und nimmt eine anbetende Haltung ein. Nicht im Heiligtum, nein im Dornbusch, der brennt und doch nicht verbrennt, offenbart sich Gott. Was Gott jetzt zu Moses sagt, gehört zu den schönsten Sätzen der Bibel: „Ich habe das Elend meines Volkes gesehen und will es der Hand der Ägypter entreißen und in ein Land führen, in dem Milch und Honig fließen." Gott weiß, wo der Schuh drückt! Darum wirbt er regelrecht um Moses. Er soll sein Volk vom Frondienst befreien und einen Bund vorbereiten helfen. Moses fühlt sich überfordert und bringt Einwände hervor. Er habe einen Ägypter im Zorn erschlagen, er könne nicht mitreißend reden und außerdem kenne er ihn, diesen Gott der Wüste, noch viel zu wenig, um Auskunft geben zu können.

Gott nimmt ihn ernst und entkräftet geduldig und verständig alle Einwände.

Er nennt sogar seinen Namen: „Ich bin der, der ich (für euch) da sein werde", der schon mit den Stammvätern des Glaubens gewesen ist. Moses erlebt hier so etwas wie sein Pfingsten. Der Geist Gottes im Dornbusch springt auf ihn über, so dass er schließlich dem Plan Gottes zustimmt. Diese Zusage „Ich bin da für dich" hat Gott niemals aufgehoben, sondern in Jesus unnachahmlich Gestalt werden lassen. Seitdem gilt auch uns: Ich bin immer für dich da – nicht nur, wenn der Schuh drückt.

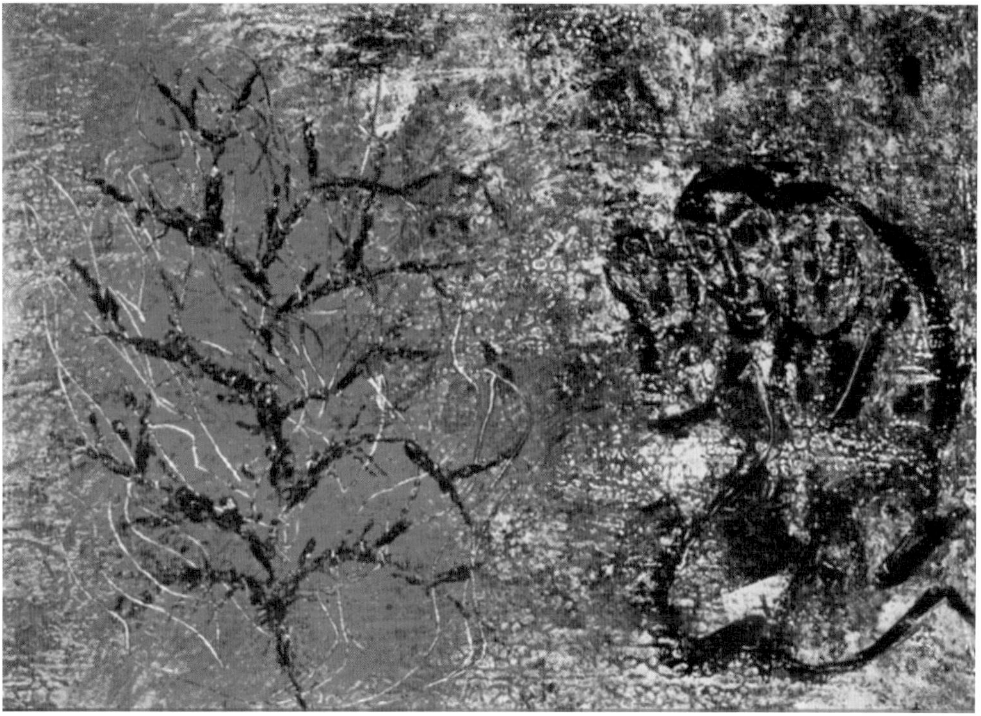

Moses vor dem brennenden Dornenbusch, Engelberg 1970

Heilige Maria

von Remigius Chmurzynski

Sie ist allen Heiligen vorangestellt, da sie „Mutter Gottes" ist. Schon seit der Frühzeit der Kirche kommt ihr eine besondere Verehrung zu, eben weil sie den Erlöser geboren hat und weil – wie das Zweite Vatikanische Konzil bestätigte – „in ihr die Kirche schon zur Heiligkeit gelangt ist." Seit Jahrhunderten wird sie dementsprechend als Königin der Engel und Heiligen verehrt. Hunderttausende von Pilgern, Millionen von Kerzen, die an Marienaltären entzündet werden, und unüberschaubar viele Votivtafeln dokumentieren es; und die zahllosen Menschen, die vor der Pietà knien und um Hilfe und Trost flehen, bekunden es: Maria ist die Fürsprecherin der Menschen bei Gott.

Pater Remigius, jahrzehntelang Krankenhausseelsorger in Brühl, übermittelte uns das folgende Gebet, das er mitten im Krieg (1943) von einem russischen Bauern überreicht bekam und das er seitdem mit unzählig vielen Patienten und Angehörigen gebetet hat. (Die Herausgeber)

Du hochheilige Jungfrau,
Du Mutter unseres Herrn Jesus Christus, Du Königin des Himmels und der Erde:
Höre die schwachen Bitten meiner Seele. Schaue auf mich herab von Deiner Himmelshöhe.

In Liebe verneige ich mich vor Deinem Angesicht.
Voll Vertrauen schaue ich auf zu Dir, als wärest Du bei mir ganz nahe.
In Ehrfurcht flehe ich Dich an, heilige Jungfrau:
Sei meine Hilfe, meine Fürsprecherin und mein Trost. Ich erwarte keine andere Hilfe, und kenne keine Führsprecherin und keinen Trost, als nur Dich, o Mutter.

Du bist die Hilfe in meiner Krankheit.
In meinem Alter bist Du die Hoffnung. Hilf mir beten, hilf mir leiden, bleibe bei mir. Schenke meinem Leben ein wenig Sonnenschein, ein wenig Freude, Du Urbild des glücklichen Menschen.
Schenke mir die Hoffnung eines glücklichen Todes. Amen.

Maria und Kind, Engelberg 1976

Heiliger Josef

von Hermann-Josef Block

Bruder Josef, Du, aus dem Hause und Geschlecht Davids, von königlicher Herkunft, Du solltest dem göttlichen Kind, aus dem Schoß Deiner Verlobten Maria geboren, dem Heilsbringer Israels, irdischer Vater und Wegbegleiter ins Leben sein.

„Josef, Sohn Davids", so sprach Dich der Engel Gottes an, „fürchte Dich nicht, Maria als Deine Frau zu dir zu nehmen, denn das Kind, das sie erwartet, ist vom Hl. Geist." Welch himmlische Zumutung!

Hörend, nicht wissend, bist Du der göttlichen Weisung gefolgt, hast Dich unter das Wort eines Größeren gestellt.

Es sollte nicht das einzige Mal sein, dass dieser göttliche Bote im Traum zu Dir sprach und Du seinem Wort Vertrauen schenktest: Du hast Frau und Kind vor den mörderischen Handlangern eines Herodes nach Ägypten in Sicherheit gebracht; Du hast Deiner Familie, als die Zeit des Asyls vorüber war, in Nazareth ein neues Zuhause gegeben.

Als Du dem mosaischen Gesetz gehorchend mit Maria und dem Kind nach Jerusalem gepilgert bist, hast Du dem Herrn als Opfer zwei junge Tauben dargebracht: Ausdruck des Dankes für die Geburt dieses Kindes, das die Welt verändern sollte.

Zugleich aber auch Ausdruck und Symbol des Friedens, den Du bereit warst weiterzuschenken: Denn ein Zuhause zu haben, bedeutet Frieden; Geborgenheit zu erfahren und zu schenken, bedeutet Frieden; in Liebe einander zugetan sein, bedeutet Frieden.
Und so bist Du Deiner Familie zum Segen geworden – als ein Gesegneter unter den Männern Israels.

Bruder Josef, hilf auch uns, Deinem Beispiel folgend, Hörende zu werden, die der göttlichen Stimme in uns Vertrauen schenken, die das Wagnis des Lebens annehmen, allen Widersprüchen und Zumutungen zum Trotz.
Hilf uns so zu hören, dass unser Herz sich der Güte Gottes öffnet, unsere Augen seine Menschenfreundlichkeit sehen und unsere Ohren hören, was ER uns sagen will.

Josef mit der Taube, Bonn 1974

Heilige Familie

von Gerda Salewski

Liebe Heilige Maria, ich habe mal einige persönliche Fragen an Dich. Du, das Jesuskind und der Hl. Josef, Ihr werdet als einzige Familie „Heilig" genannt. Dabei weiß ich so wenig von Euch: Die Geschichte mit der Verkündigung durch den Engel Gabriel ist bekannt, und von Eurer Reise nach Betlehem und der Geburt im Stall wird jedes Jahr erzählt. Acht Tage nach der Geburt habt Ihr das Kind beschneiden lassen; wie muss Dir zumute gewesen sein, als der greise Simeon Dein Kind als „Heil" bezeichnete? Und was hast Du gedacht, als Josef Dir von einem Engel erzählte, der ihm gebot, nach Ägypten zu fliehen und schließlich nach Galiläa zu gehen. Ihr habt Euch dann in Nazareth niedergelassen. Und dann hörte man 12 Jahre lang nichts mehr von Euch, außer dass Ihr jedes Jahr zum Paschafest nach Jerusalem gepilgert seid. Mit 12 Jahren hat Euch Euer Sohn dann eine Überraschung bereitet: Er ist – ohne Euch Bescheid zu sagen – im Tempel geblieben, und gab Euch schließlich eine merkwürdige Antwort: „Wusstet Ihr nicht, dass ich im Hause meines Vaters war?" Wie ging es Dir bei dieser Antwort? Gab es eigentlich noch ähnliche merkwürdige Äußerungen Eures Sohnes? Ist das eigentlich mal thematisiert worden oder seid Ihr darüber hinweggegangen? Wie war der Knabe Jesus eigentlich so in seiner Jugendzeit? Hat er Euch Probleme bereitet? War er so, wie andere Jungen in diesem Alter auch sind? Wie hat ihm die Lehre bei seinem Vater gefallen? War Eure Erziehung streng? Hat er eigentlich noch Geschwister gehabt? In der Hl. Schrift gibt es Andeutungen dazu, aber es scheint mir nicht ganz eindeutig. Warum ist in der Hl. Schrift eigentlich so wenig über Deinen Mann geschrieben worden? Ich weiß eigentlich kaum etwas von ihm – nicht einmal, wann er gestorben ist. Womöglich warst Du Alleinerziehende? Und wie war Dir schließlich zumute, als Du unter dem Kreuz Deines Sohnes standest? Ach, ich hätte noch so viele Fragen.

Heilige Familie, Wassenach 2002

Hl. Johannes der Täufer

von Hans Runte

Der Wegbereiter Jesu, der Vorläufer des HERRN – eine schillernde Gestalt vom Alten Testament zum Neuen Testament.

Seine Geburt ist im Alten Testament verankert – sein gewaltsames Ende im Neuen Testament.

Johannes – der Rufer in der Wüste. Seine Worte sind hart, ohne Kompromisse, ohne politisches Vokabular. Was er sagt ist: offen, ehrlich, begeisternd.

Seiner Botschaft kann sich niemand entziehen: Pharisäer, Schriftgelehrte, Dirnen und Zöllner wollen ihn hören – den Asket am Jordan (vgl. Lk 3, 120).

Was er sagt, ist einsichtig: „Kehret um, denn das Himmelreich ist nahe gekommen" (vgl. Mt 3,2). Aufbruch tut not: Damals und heute! „Lasst uns nach Betlehem gehen und schauen, was geschehen ist und was der Herr uns kundgetan hat" (vgl. Lk 2,15).

Johannes ist aufgebrochen, hat seinen Auftrag erfüllt. Er sitzt im Gefängnis. Seine Offenheit und Ehrlichkeit, sowie die menschliche Eifersucht, die Intrigen einer Frau und die Verleumdung von Ohrenbläsern sind ihm zum Verhängnis geworden (vgl. Mt 14,1-22). Johannes im Gefängnis – die Nacht der Gedanken lassen ihn an seinem Auftrag zweifeln: „Bist du der Kommende, oder sollen wir einen anderen erwarten?" (vgl. Mt 11,3). Es ist Nacht in der Seele des Vorläufers. Sein Gesichtsausdruck starrt ins Leere – in eine Zukunft ohne Perspektive.

In der Ferne sieht er mit den Augen des Herzens, mit den Augen des Glaubens, ein Licht aufleuchten: „Geht und berichtet dem Johannes: ‚Blinde sehen, Lahme gehen' ... " (vgl. Mt 11,3 ff.): Zeichen des kommenden Gottesreiches. Johannes hat sein Werk vollendet. Er kann von der Weltbühne abtreten. Auch uns gilt das Wort Jesu in der Dunkelheit unserer Gedanken: „Wer Ohren hat, der höre" (vgl. Mt 11,15).

Der Hl. Johannes im Gefängnis, Engelberg 1970

Die Heiligen Apostel

von Klaus Fickler

Ein bewegtes Bild. Wellen schütteln das Boot und schwappen über den Rand ins Bootsinnere. Wer hätte da nicht Angst?

Im Boot die Apostel – erfahrene Fischer, die sich mit den Fallwinden am See auskannten, sie sind die Freunde Jesu. Ihr Schrei ist verständlich: „Meister, kümmert es dich denn nicht, dass wir zugrunde gehen?"

Diese Angsthasen, die wissen, dass sie doch Jesus mit im Boot haben – auch wenn er schläft und Ruhe ausstrahlt –, die sollen uns Vorbild als Heilige sein? Alles, was sie mit Jesus erlebt und von ihm gehört haben, ist ihnen nicht mehr in der Erinnerung. Pure Überlebensangst hat sie ergriffen.

Dunkle Gestalten im Boot, nur eine ist farblich deutlich abgesetzt.

Sie rufen Jesus als ihren Retter an und Jesus reagiert. Er beruhigt den See und den Sturm. Er beruhigt damit auch seine Freunde, die mit ihm im Boot sitzen. „Warum habt ihr solche Angst? Habt ihr noch keinen Glauben? Ich bin doch bei euch!"

Diesen Glauben haben sie in ihrem späteren Leben verdeutlicht, auch mit Einsatz ihres eigenen Lebens. Und damit sind sie für uns Vorbild, Lichtgestalt geworden.

So können wir auch ein Wunder erleben mit dem Sturm und uns selbst, wenn wir uns – mit Gott in unserem Boot – auf den Sturm in unserem Leben einlassen und uns nach dem Vorbild der Apostel anstecken lassen:

„Habt keine Angst!"

Der Sturm auf dem Meer, Engelberg 1972

Seliger Johannes XXIII.

von Franz-Heinrich Fischler

Eigentlich ist es nicht verwunderlich, dass der nebenstehende Ausspruch von Papst Johannes XXIII. stammt. Einen Monat vor Konzilsbeginn hatte er erfahren, dass er sterbenskrank sei; er litt an einem unheilbaren Krebsleiden, an dem auch seine Mutter und fünf seiner Geschwister gestorben waren.

Denke ich heute zurück an diesen im Jahr 2000 selig gesprochenen Pontifex, so fallen mir die Worte ein, mit denen der neue Papst seine Wahl angenommen hatte: „Ich beuge mein Haupt und meinen Rücken vor dem Kelch der Bitterkeit und dem Joch des Kreuzes." Es ist zu vermuten, dass Kardinal Roncalli als ideale Zwischenlösung gesehen wurde: Er war erfahren genug, die Kirche gut zu lenken und alt genug, um keine großen Veränderungen durchzuführen. Wie man sich täuschte!

Kardinal Döpfner hatte nach seinem ersten Besuch beim neuen Papst festgestellt: „Alle, die ihm begegneten, waren im ersten Augenblick eingenommen von seiner Menschlichkeit und Nähe." In der Tat war dies das Markenzeichen des neuen Papstes: Er war Zeit seines Lebens ein Vorbild an Güte und Hilfsbereitschaft. Ein wenig erinnert seine Vita an das Bild des barmherzigen Samariters. Aus seiner Zuwendung zum Schwächeren, zum Menschen in Not, schimmert die Weggemeinschaft mit Gott. Uns kommen die Worte Jesu in den Sinn: Was ihr dem Geringsten meiner Brüder getan habt, das habt ihr mir getan. Wie der sterbenskranke Papst glauben wir: In Schmerz und Leid sind wir Gefährten des Herrn.

Zudem vertrauen wir auf die Zusage Jesu, alle Zeit mit uns zu sein. So sind wir sowohl Karfreitag wie Ostern seine Gefährten. Aus dieser Weggemeinschaft mit dem Herrn schöpfte der verstorbene Papst Trost, Mut und Hoffnung. Aus dieser Weggemeinschaft konnte er auch voller Zuversicht wichtige Reformen unserer Kirche in Angriff nehmen. Und auch wir können davon ausgehen, dass der auferstandene Jesus uns auf unserem Weg begleitet – heute und alle Tage unseres Lebens –, in Schmerz und in Leid, aber auch in Freude und Zuversicht.

Gefährten des Herrn (Grafik), Wassenach 2005

Sel. Mutter Teresa – fiktiver Brief

von Reinlinde Steinhofer

An Teresa von Lisieux, Frankreich
von Teresa aus Kalkutta, Indien

Liebe Teresa,

wieder grüße ich Dich herzlich aus Kalkutta. Es ist mir heute ein besonderes Anliegen, Dir zu schreiben. Ich möchte Dir nun endlich mitteilen, was mich bewogen hat, diesen, Deinen Namen – Teresa – zu tragen. Bis zu meinem Eintritt ins Kloster hieß ich, wie Du sicher weißt, Agnes Gonxha Bojaxhiu.

Nach einem Jahr Noviziat sollte ich mich für einen Namen entscheiden, den ich von nun an tragen sollte. Ich wählte ganz bewusst Deinen Namen aus, denn ich war und bin von Dir und Deinem Leben tief beeindruckt. Ein Leben voll Liebe und Zuwendung, so habe ich es empfunden – ein Leben, in dem die Kraft Gottes zu spüren war und ist. Du hast immer gewöhnliche Dinge mit außergewöhnlicher Liebe getan, das sollte für mich der Weg sein, den auch ich gehen wollte.

Wir, das heißt, meine Mitschwestern und ich, sehen hier täglich Leid, Krankheit und Tod. Es ist oft so traurig, das Sterben eines kleinen Kindes zu sehen, was so gerne leben möchte. Aber die Kraft reicht nicht aus, und es geht zu Ende. Es geht zu Gott, unserem Vater. Nur er weiß, warum es so ist; er weiß, wann das Leben endet.

Wir sind da, um dem Leben zu dienen, das Leben zu begleiten, Trost und Zuwendung zu geben, so wie Du es immer getan hast. Wir sind da, um bei den Armen zu sein, um ihnen zu helfen und ihnen Liebe zu schenken. Wir sind da, um uns für das Leben einzusetzen.

Ich werde noch viel Kraft für die Aufgaben brauchen, die noch auf mich zukommen werden, aber ich weiß, nicht ich, Gott tut alles.

In tiefer Verbundenheit

Mutter Teresa

Gott tut alles (Grafik), Wassenach 2004

Seliger Adolph Kolping

von Axel Werner

Wer etwas zum Besseren verändern will, der braucht einen eigenen sicheren Stand. Er benötigt Werte, Überzeugungen und Chancen sowie einen Ort, an dem diese vermittelt werden.

Adolph Kolping war sich sicher: Die christliche Familie ist hierfür der entscheidende Platz. „Es muss in der Familie gesät werden, was in Staat und Gesellschaft blühen soll", sagte er seinen jungen Freunden vor 150 Jahren.

Die christliche Familie ist mehr als nur der Ort, an dem wir lernen „Mensch zu sein". Es geht nicht nur darum, von überzeugenden Eltern Grundwerte des menschlichen Zusammenlebens vorgelebt zu bekommen. Wo sonst als in einer funktionierenden Familie können Werte wie Solidarität, Verständnis, Toleranz, Übernahme von dauerhafter Verantwortung, Einfühlungsvermögen und Gottvertrauen tiefer gelebt werden, als in einer christlichen Familie.

Als Christen wissen wir, dass in familiären Beziehungen die Liebe Gottes zu uns Menschen dargestellt ist. Im Gebet an den „liebenden Vater" wissen wir uns angenommen, wohl wissend, dass gerade auch Gottes mütterliche Züge den Menschen die ersehnte Geborgenheit verheißen.

Als Gottes Kinder wachsen wir in die Familie Gottes, die sich auf dem Weg der Nachfolge Jesu Christi befindet.

Die Sorge für die Ehe zwischen Mann und Frau, die durch Gottes Willen mit Leben beschenkt wird, die Verantwortung für aufwachsende Generationen, sowie die einmalige Stellung der Familie als Lernort des Glaubens, machen alle Christen zum Anwalt für das christliche Familienbild. Wer die Familie als Ort gelebter Glaubensvermittlung und Einübung humaner Werte aufgibt, gräbt sich selbst sein Grab. Davon war schon Adolph Kolping überzeugt.[5]

Das erste ist die Familie (Grafik), Wassenach 2004

Frère Roger: Gottes Traum

von Stefan Ohnesorge

Eine junge Frau, gestaltet auf gewebtem Stoff, mit goldenem Haar und roter Kopfbedeckung, blickt uns an – oder blickt sie eher in sich gekehrt an uns vorbei? Träumt sie vor sich hin oder hört sie gerade das Wort, das Gott ihr zuspricht: „Bevor du geboren wurdest, habe ich von dir geträumt?"

Das Wort, das der Gründer der Brüdergemeinschaft von Taizé, Frère Roger Schutz, Gott zuschreibt, greift eine alttestamentliche Aussage aus Jeremia 1,5 auf: „Noch ehe ich dich im Mutterleib formte, habe ich dich ausersehen, noch ehe du aus dem Mutterschoß hervorkamst, habe ich dich geheiligt, zum Propheten für die Völker habe ich dich bestimmt."

Wer ist die junge Frau? Ist es eine bestimmte auserwählte, für einen besonderen Dienst ausgesonderte, heilige Frau? Vielleicht eine Stammmutter des Gottesvolkes wie Sara und Rebekka oder Hanna, die Mutter des Propheten Samuel, oder gar Maria, die Mutter Jesu Christi? Oder steht die junge Frau symbolisch für alle Christen, die sich nach urchristlicher Überlieferung „die Heiligen" nannten, als für einen bestimmten Dienst ausgesondert ansahen (vgl. 1 Kor 1,2)? Dann gilt das Wort jedem Christenmenschen: Jeder ist von Gott vor aller Zeit gewollt. Gott hat von Anbeginn an einen Traum von jedem Menschen, wie er einmal werden und leben soll. Gott führt und zieht jeden Menschen, dass er diesen Traum erfüllen kann.

Nach menschlichem Ermessen scheint der Traum Gottes von uns meist aber nicht erfüllt zu werden, scheint er zu scheitern, scheinen wir eher unheilig zu leben und zu sterben. Wir dürfen aber darauf vertrauen, dass der Traum Gottes von uns keine „Träumerei" ist. Gott wird all das an uns vollenden, was wir selbst trotz allen Bemühens nicht erreichen konnten; er wird uns heiligen, wenn wir in die Gemeinschaft der Heiligen eingehen werden.

Von dir geträumt (Grafik), Wassenach 2004

Pater Richard Henkes SAC

vom Provinzialat der Pallottiner

Lasset uns beten:

„Gott, du bist die unendliche Liebe; du hast auch uns Menschen die Liebe zu dir und untereinander aufgetragen. Aus Liebe zu uns hast du Jesus Christus in den Tod gegeben. Pater Richard Henkes hast du berufen, deinem Sohn in der Gemeinschaft der Pallottiner nachzufolgen. Er hat in schwerer Zeit dein Wort freimütig verkündet und den nationalsozialistischen Machthabern mutig widerstanden. Im Elend und der Trostlosigkeit des Konzentrationslagers Dachau hat er furchtlos Notleidenden geholfen.

Schon voll Hoffnung auf die nahe Befreiung hat er deinen Ruf zur letzten Hingabe nicht überhört. Er hat freiwillig Sterbenskranke in der Baracke der Tschechen gepflegt und so sein Leben geopfert.

Wir bitten dich: Mache sein Mühen um Versöhnung und Liebe weithin bekannt und verherrliche deinen Diener Richard Henkes. Mache uns wie ihn hellhörig für dein Wort und stärke uns gegen jede Versuchung zur Gewalt. Vertiefe auf seine Fürsprache die Versöhnung zwischen dem deutschen und tschechischen Volk. Leite alle Menschen und Völker an, einander zu achten und friedlich miteinander zu leben. Das erbitten wir im Heiligen Geist durch Jesus Christus, unsern Herrn. Amen."[6]

„Das Bild zeigt Pater Henkes umgeben von Szenen, die sein Leben als Häftling in Dachau und seine Spiritualität ausdrücken: Maria ist ihm Vorbild; er heftet sein Lebensopfer an das Kreuzesopfer Jesu Christi."

Wegen „Aufwiegelung des Volkes von der Kanzel" war der 1900 in Ruppach/Westerwald geborene Pater Richard Henkes ins Gefängnis und am 10. Juli 1943 ins KZ Dachau gekommen. „Ich gehe hier meinen Weg mit Gott", schrieb er, indem er Niedergeschlagene zu ermutigen und Hungernden zu helfen versuchte. Kurz vor Kriegsende ging er schließlich freiwillig zu den typhuskranken tschechischen Gefangenen in Block 17, nachdem er zuvor noch tschechisch gelernt hatte. Im Dienst an den Todkranken und Sterbenden infizierte er sich mit Flecktyphus und starb am 22. Februar 1945.[7]

Richard Henkes, Vallendar 1995

Dom Helder Camara: Ja zu Gott

von Jürgen Nabbefeld

Der schöne Satz „Freude dem Nächsten zu geben, ist ein so einfaches Ding, doch in den Augen Gottes die schönste aller Künste", geht auf den brasilianischen Theologen und Bischof Dom Helder Camara (1909 – 1999) zurück, der von 1964 bis 1985 Erzbischof von Olinda und Recife war und von vielen Menschen als „Bischof der Armen" verehrt wurde. Von ihm stammt auch die eindringliche Forderung: „Lass dem himmlischen Vater die Freiheit, selber deine Tage zu bestimmen."

Viele Menschen sind heute von Angst und Resignation befallen; es sind junge und alte Menschen. Diese Tatsache liegt für mich nicht zuletzt begründet in der Überzeugung, dass wir diese Welt mit Hilfe der modernen Technik und Wissenschaft aus eigener Kraft zu einem Paradies umgestalten können. Überall aber stellen wir fest, dass es diese vollkommene Welt nicht gibt, dass die menschliche Gesellschaft nicht grenzenlos manipulierbar ist, dass viele große Ideen Luftschlösser sind und dass wir zahlreiche Träume und Erwartungen schlicht und einfach begraben müssen. Und das Ergebnis: Angst und Resignation bis hin zur verzweifelten Entschlossenheit von Menschen, auch Gewalt anzuwenden.

Wer aber seine Zukunft aufgibt, wird sich bald die Frage stellen müssen: Wozu lebe ich eigentlich?

Wer Zukunft haben will, muss sie heute aufbauen. Wenn unser Leben einen lebenswerten Sinn haben soll, muss es ein stabiles und dauerhaftes Fundament erhalten. Wir spüren doch täglich am eigenen Leib, wie wenig beständig das selbstgemachte Glück ist. Daher sollten wir mehr Demut und Selbstbescheidenheit aufbringen und uns auf den einlassen, der uns ewiges Heil verheißen hat und der von sich selbst sagt: „Ich bin der Weg, die Wahrheit und das Leben" (Joh. 14,6).

Das alte Sprichwort hat auch heute noch seine Gültigkeit: Der Mensch denkt und Gott lenkt. Wir Menschen sind in Gottes Hand geborgen. Das Ziel unseres Lebens ist nicht Reichtum, Ansehen, Gesundheit, das Ziel unseres Lebens ist der ewige Gott.

Bischof Kamphaus hat es einmal so formuliert: „Wer nach den Sternen greifen will, wer den Himmel stürmen will, der wird bald aus allen Wolken fallen."

Sage ja zu Gott (Grafik), Wassenach 2002

Damian De Veuster

von Friedhelm Geller

Ich finde mein größtes Glück darin, dem Herrn in seinen armen und kranken Kindern zu dienen, die von den anderen Menschen verstoßen werden." Das schrieb der 1840 in Tremelo (Belgien) geborene Damian De Veuster 1873 an seine Eltern im fernen Flandern, auf der anderen Seite der Welt. Seine „Kinder" waren die Aussatzkranken auf der Insel Molokai, die wie Abfall dort ausgeschüttet wurden. Lepra war das Aids jener Zeit, unheilbar, in jeder Weise zerstörend.

Er war zehn Jahre zuvor von Belgien nach Hawaii geschickt worden, hatte als tüchtiger Missionar gearbeitet und war jetzt seit einem halben Jahr auf der „Insel der Verdammten", wo er bleiben sollte, bis ihn 16 Jahre später die schreckliche Krankheit selbst besiegte. Aber da war aus der früheren Hölle eine Gemeinschaft geworden, weil er alle seine Fähigkeiten eingesetzt hatte. Ein Besucher nannte ihn einmal den „Mann mit 36 Berufen". Er war Gärtner, Ingenieur, Sargbauer, Musiker, Lehrer, Architekt, Mediziner, Verwalter, Advokat seiner „Kinder" bei kirchlichen und weltlichen Behörden – und das alles mit einem furchtlosen flämischen Bauernschädel.

Vor allem aber war er Priester, der die Trauernden tröstete und den Hoffnungslosen einen Weg zeigte. Er gab den Ausgestoßenen ihre Würde zurück, indem er ihnen glaubhaft vermittelte, dass Gott sie liebte. Das war Programm seiner Ordensgemeinschaft – der „Kongregation von den Heiligsten Herzen Jesu und Marias" (in Deutschland: „Arnsteiner Patres") –, der er sich, wie sein älterer Bruder, angeschlossen hatte. Eine Heilige unserer Tage von ähnlichem Zuschnitt – Mutter Teresa – hat sich immer wieder für ihn eingesetzt. Sie war auch dabei, als im Jahr 1995 in Brüssel der 1889 in Molokai an Aussatz gestorbene Damian von Papst Johannes Paul II. selig gesprochen wurde.

Das Bild zeigt ihn als die Mitte – und die Mutter – seiner „Kinder", geprägt von den Stationen seines Lebens und Halt für die vielen, die nach ihm greifen. Eingefasst in eine Dornenkrone, ausstrahlend als Rosenkelch. Wie die Jünglinge im Feuerofen. Schwarz und Rot – der Tod verwandelt durch die Liebe. Die beiden Herzen auf seinem Gewand.

Damian de Veuster, Kloster Arnstein/Obernhof 2001

Edith Stein – Hab Geduld

von Bernward Siemes

Edith Stein, Ordensschwester und Philosophin, geboren am 12. Dezember 1891 in Breslau und ermordet am 9. August 1942 im KZ Auschwitz, gilt als Märtyrerin der praktizierten Nächstenliebe und der Aufopferung für Andere. Auf sie geht das schöne Wort zurück: „Mit dir selbst hab Geduld; Gott hat sie auch."

Im Kommen und Gehen – gelassene Geduld
Im Nehmen und Geben – beherrschte Geduld – Im Sprechen und Lauschen – besonnene Geduld
Im Schreiben und Lesen – langmütige Geduld – Im Hören und Antworten – aufmerksame Geduld
Im Glauben und Zweifeln – nachsichtige Geduld

Bei Warten und Verharren – geduldige Ausdauer
Bei Eile und Hast – geduldige Ruhe – Bei Enge und Grenzen – geduldige Weite
Bei Eifer und Zorn – geduldige Friedfertigkeit – Bei Krankheit und Bedrängnis – geduldige Erleichterung – Bei Angst und Not – geduldiger Mut

Für mein Suchen und Forschen – deine leitende Geduld
Für mein Arbeiten und Streben – deine langmütige Geduld – Für mein Lachen und Glück – deine freudige Geduld – Für meine Sehnsüchte und Wünsche – deine träumende Geduld
Für meine Hoffnung und Vertrauen – deine erfüllte Geduld – Für meine Liebe und Hingebung – deine zärtliche Geduld

Im Hier und Jetzt – unendliche Geduld
Im Hierhin und Dorthin – orientierende Geduld – Im Kleinen und Großen – umfassende Geduld
Im Großen und Ganzen – unerschöpfliche Geduld – Im Alles und Nichts – grenzenlose Geduld
Im Leben und Tod – begleitende Geduld

Wie im Himmel so auf Erden – Geduld
Wie im Anfang und im Ende – Geduld – Wie Gott mit mir – Geduld

Mit dir selbst hab Geduld (Grafik), Wassenach 2001

„Die Welt wird erlöst durch die Geduld Gottes und nicht durch die Ungeduld der Menschen.“ (Papst Benedikt XVI. am Tage seiner Amtseinführung)

Hl. Teresa von Avila – Meditation

von Helmut Kusche

Nichts soll dich verwirren, nichts dich erschrecken.

Herr, du mein Gott! Welch eine Einladung! Denn so vieles stürmt auf uns ein, was uns verwirrt: Meinungen, Parolen, Informationen, Fragen. Was ist da richtig? Was führt uns zu dir? Wir wissen es oft nicht. So vieles ängstigt uns und drückt uns nieder. Und oft sehen wir keinen Ausweg mehr. Da sprichst du uns durch Jesus dein ermutigendes Wort zu: „Fürchtet euch nicht."

Alles geht vorbei. Gott allein bleibt derselbe.

Ach ja, Herr, die Zeit zerfließt uns unter den Händen. Vieles geht vorbei, fließt wie ein Fluss an uns vorüber: das Freudige, das wir so gerne festhalten möchten; selbst das Traurige, das oft nicht zu Ende zu gehen scheint – es geht vorüber.

Da ist es gut zu wissen, dass du da bist, unser Gott, unser treuer Wegbegleiter. Wir können uns auf dich verlassen.

Die Geduld erreicht alles.

Herr, wir sind oft zu ungeduldig mit uns selbst und auch mit den Entwicklungen in dieser Welt und in deiner Kirche. Denn vieles geht nicht voran, z. B. das Bemühen um den Frieden, um die Gerechtigkeit für alle Menschen, um die Achtung der Menschenwürde. Auch in deiner Kirche sind viele wie gelähmt und oft macht sich Resignation breit. Du aber hast einen langen Atem mit uns und gibst nicht auf, wo wir schon alles hinwerfen möchten. Herr, schenke uns eine unruhige Geduld.

Wer Gott hat, dem fehlt nichts: Gott allein genügt.

Herr, so kann nur ein von dir erfüllter Mensch sprechen, wie die Hl. Teresa von Avila. Sie hat sich dir ganz überlassen. So konnte sie all die Dunkelheiten und Anfechtungen des Glaubens, die sie durchleiden musste, und alle Widerwärtigkeiten, die sie erlebte, im Vertrauen auf dich tragen. Herr, lass uns erfahren, dass du allein genügst und schenke uns diese dir vertrauende Gelassenheit in allen Höhen und Tiefen unseres Lebens.

Gott bleibt derselbe (Grafik), Wassenach 2001

Hl. Pfarrer von Ars – Beten

von Jürgen Nabbefeld

Johannes-Maria Vianney, der Hl. Pfarrer von Ars, war ein Heiliger des Gebetes, ein Freund des Altarsakraments und ein Verehrer der Gottesmutter. Zu Beginn seiner Tätigkeit in Ars schrieb er die Namen seiner Pfarrkinder auf ein Seidenband und hängte es der Muttergottes um. Maria hat ihn nicht enttäuscht: Aus einem Ort, den die Kirche längst ad acta gelegt hatte, wurde ein bis heute besuchter Wallfahrtsort.

Doch vor allem war der Hl. Pfarrer von Ars ein Heiliger des Bußsakraments. Er war tief traurig, wenn seine Ratschläge nicht ernst genommen wurden: „Gott ist zu uns so entgegenkommend.... Doch seine Freundlichkeit lässt uns kalt. Was er uns verheißen hat, bedeutet uns nichts. Oh wie schade!" „Gegen die Versuchungen", erläuterte er, „ sind drei Dinge absolut notwendig: das Gebet, um uns zu erleuchten, die Sakramente, um uns zu stärken, und die Wachsamkeit, um uns zu schützen."

Noch heute kann man das roh gezimmerte enge Gehäuse betrachten, in dem der Pfarrer bis zu 18 Stunden täglich Beichte hörte. Vor seinem Beichtstuhl standen oft Menschenschlangen, und selbst ans Sterbebett drängten noch reumütige Sünder. Mathematisch betrachtet verbrachte der Heilige fast drei Viertel seines Lebens in diesem engen Verschlag: Im Winter saß er täglich mindestens 11 bis 12 Stunden und in der schönen Jahreszeit bis zu 18 Stunden darin. Und war wirklich mal eine Pause, so betete er, denn er war der Überzeugung: „Der liebe Gott braucht uns nicht. Wenn er uns auffordert zu beten, dann deshalb, weil er unser Glück will."

Lasset uns mit den Worten des Hl. Pfarrers von Ars beten:

„Mein Gott, ich glaube, **ich glaube** fest, dass Du überall zugegen bist, dass Du mich siehst, dass ich unter Deinen Augen bin, dass eines Tages ich mich selbst klar erkennen werde, dass ich alle Güter genießen werde, die Du mir versprochen hast.

Mein Gott, **ich hoffe**, dass Du mir all das belohnen wirst, was ich getan habe, um Dir zu gefallen.

Mein Gott, **ich liebe** Dich, ich habe ein Herz, um Dich zu lieben!"[8]

Über das Gebet (Grafik), Wassenach 2002

Hl. Franz von Sales

von Gudrun Schmitz

Franz von Sales (1567-1622) war das älteste von zehn Kindern. In seiner Jugendzeit entschied er sich für juristische und theologische Studien. Erst als Jurist tätig, ließ er sich schließlich gegen den Willen seines Vaters zum Priester weihen. Zunächst war er in der Region Genf als Missionar tätig, später ernannte man ihn wegen seiner herausragenden Fähigkeiten zum Bischof von Genf.

Als religiöser Schriftsteller, Mystiker und Ordensgründer vertrat er das damalige Lebensgefühl der katholischen Barockzeit. Er führte viele Menschen besonders durch seine Schriften zum katholischen Glauben zurück.

Dieser Neigung zum Schreiben ist es zu verdanken, dass er 1923 zum Patron für die Katholische Presse, für Schriftsteller und Journalisten ernannt wurde. Das geschriebene Wort so zu nutzen, dass es Seele und Geist des Menschen behutsam auf Gott ausrichtet, war seine Stärke. Und das kurze Zitat, das vielleicht zunächst allzu romantisch anmutet, ist letztendlich ein bescheidenes Spiegelbild der großen Spiritualität dieses Heiligen.

Durch Dunkelheiten hindurch, durch erdverkrustete Hoffnungslosigkeiten
dem schon geahnten Licht vertrauend, sich zu dem ausrichten, der aufrichtet;
sich zu dem wenden, der zugewandt liebt; sich zu dem drehen, der immer schon da ist.
Wenn die irdenen Wurzeln allein den Halt nicht geben,
dann und gerade dann aus dem Vertrauen an ein Heute
das Wachsen wagen: Denn in die Zuversicht des Lichtes wachsend
lebt der Mensch in seinen neuen Tag hinein.
Dann findet die suchende Seele Ruhe und Heimat,
wurzelnd in dem Zutrauen auf Gottes versprochene Gegenwart.
Dann wird das Leben in jedem noch so kleinen Lichtstrahl blühend.

Gott zugewandt (Grafik), Wassenach 2003

Alfred Delp

von Rupert Breit

Dass ein Mann wie Pater Alfred Delp SJ bei uns in Wolferkam bei Riedering am Simssee seinen Urlaub in den Kriegsjahren 1943 – 44 verbracht hat, auf dem Simssee gesegelt ist und in der schönen Wallfahrtskirche Maria Stern in Neukirchen fast täglich die Hl. Messe gefeiert hat, darüber wurde in meiner Jugendzeit kaum gesprochen. Heute weiß ich – 40 Jahre später – dass in der damaligen Erwachsenengeneration nicht nur Opfer, sondern auch Täter waren, und infolgedessen sich mancher schwertat, offen über die Nazizeit zu sprechen. Umso wichtiger ist es heute, die Erinnerung an Pater Alfred Delp wachzuhalten – einen Menschen, der den Nazischergen mutig entgegentrat. Wegen seiner Mitarbeit im Kreisauer Kreis, seiner Schriften und nicht zuletzt seiner mutigen Predigten wurde er am 28. Juli 1944 nach der Frühmesse in der Kirche St. Georg in München Bogenhausen verhaftet. Nach schärfsten Verhören unter zum Teil unmenschlichen Bedingungen wurde er am 11. Januar 1945 vom Volksgerichtshof unter seinem Präsidenten Roland Freisler, „dem Blutrichter", zum Tode verurteilt und im Morgengrauen des 2. Februar 1945 mit 38 Jahren in Berlin-Plötzensee hingerichtet.

Mit seinen Briefen, geschrieben unter widrigsten Bedingungen in der Gefangenschaft der Gestapo, brachte er seine Visionen einer toleranten, menschlichen und sozialen Nachkriegsgesellschaft zu Papier, die nach dem Krieg – zumindest teilweise – auch verwirklicht wurden.

Pater Delp sollte uns mit seinen Taten und Worten auch heute noch Vorbild sein, und Mut machen zur offenen Auseinandersetzung mit unserer Vergangenheit wie auch zur verantwortungsvollen Diskussion der gesellschaftspolitischen Fragen der Gegenwart. Manchmal hat man in unserer Gesellschaft das Gefühl, die Quartalsberichte der Aktiengesellschaften seien wichtiger als das tägliche Brot.

Vor diesem Hintergrund sei an nebenstehenden Spruch Alfred Delps erinnert, nachzulesen am Wegkreuz zwischen Neukirchen am Simssee und Wolferkam.

Sinn (Grafik), Wassenach 2005

Die Demut

von Jürgen Nabbefeld

Ein jeder von uns, schreibt der Hl. Paulus, sei zur Heiligkeit berufen. Ob dieser Satz denn auch für den „aufgeklärten" Menschen des 21. Jahrhunderts gilt? Wie häufig wird heute von der Krise des modernen Menschen gesprochen. Von allen Seiten hört man Klagen über fehlende Charakterstärke und mangelndes Rückgrat. Mit großer Anerkennung blickt man auf bekannte Personen vor allem des kirchlichen und öffentlichen Lebens zurück – z. B. Papst Johannes Paul II., Mutter Teresa oder Martin Luther King –, die durch einen klaren Lebensweg und mutige Entscheidungen überzeugt haben. Was sie auszeichnete und den meisten Menschen von heute fehlt, war die Orientierung an den christlichen Tugenden.

Dabei geht es weniger um Platos vier Kardinaltugenden (Weisheit, Tapferkeit, Besonnenheit, Gerechtigkeit), sondern um die biblische Tugendlehre, die uns verdeutlicht, wie ein gottgefälliger Lebensstil der Christen aussehen könnte.

Die Kardinaltugend der Christen ist die Liebe (Eph. 5,2), denn Gottes Wesen ist Liebe (1. Joh. 4,8). Sie soll sich weniger in Worten als vielmehr in Taten zeigen (1. Joh. 4,7–21). Schließlich fordert Gott von uns die Tugend der Demut (Kol. 3,12; Eph. 4,2), heute ein gern belächeltes Gut. In der Demut steckt die Gesinnung des Dienens und die Zurücknahme des „Ich".

Sie war ein Markenzeichen des Hl. Pfarrers von Ars. Er war geprägt von der Überzeugung: „Was der Teufel am meisten fürchtet, ist die Demut. Die Demut ist die große Hilfe zur Gottesliebe, der Stolz das große Hindernis zur Heiligkeit." An anderer Stelle erzählte er einmal von einem Heiligen, der gefragt worden war, welche die erste unter den Tugenden sei. Er soll geantwortet haben: „Die Demut." Und auf die Frage nach der zweitbedeutendsten Tugend antwortete er: „Die Demut." Schließlich kam die dritte und letzte Frage: und welches ist die dritte große Tugend?" Und er antwortete wieder: „Die Demut."

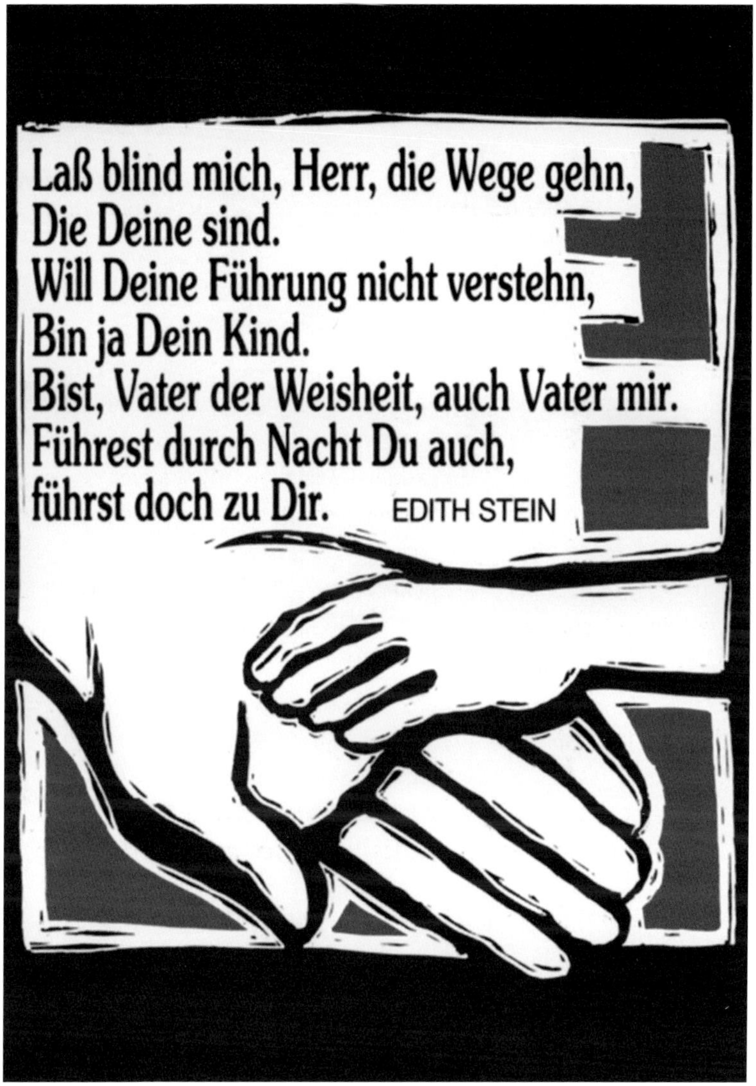

Lass mich Deine Wege gehn (Grafik), Wassenach 2003

Selig sind ...

... die arm sind vor Gott; ihnen gehört das Himmelreich.
... die Trauernden; denn sie werden getröstet werden.
... die keine Gewalt anwenden; sie werden das Land erben.
... die hungern und dürsten nach der Gerechtigkeit; sie werden satt werden.
... die Barmherzigen; denn sie werden Erbarmen finden.
... die ein reines Herz haben; denn sie werden Gott schauen.
... die Frieden stiften; sie werden Söhne Gottes genannt werden.
... die um der Gerechtigkeit willen verfolgt werden; denn ihnen gehört das Himmelreich.
... seid ihr, wenn ihr um meinetwillen beschimpft und auf alle mögliche Weise verleumdet werdet.
Freut euch und jubelt: Euer Lohn im Himmel wird groß sein.
Mt 5, 3-12

... die das Interesse des anderen lieben wie ihr eigenes; denn sie werden Frieden und Einheit stiften.
... die immer bereit sind, den ersten Schritt zu tun; denn sie werden entdecken, dass der andere viel offener ist, als er es zeigen konnte.
... die nie sagen: Jetzt ist Schluss!; denn sie werden den neuen Anfang finden.
... die erst hören und dann reden; denn man wird ihnen zuhören.
... die das Körnchen Wahrheit in jedem Diskussionsbeitrag heraushören; denn sie werden integrieren und vermitteln können.
... die ihre Position nie ausnützen; denn sie werden geachtet werden.
... die nie beleidigt oder enttäuscht sind; denn sie werden das Klima prägen.
... die unterliegen und verlieren können; denn der Herr kann dann gewinnen. [9]
Klaus Hemmerle

Selig sind die Verfolgten, Wassenach 2002

Heilige des Alltags

von Karl Oerder

Hätte ich Pater Bohnen gesagt: „Wenn du so weitermachst, wirst du eines Tages heiliggesprochen", dann hätte er bestimmt mit der Frage reagiert, ob er das Geld für die Kosten der Heiligsprechung nicht schon jetzt bekommen könne, denn er müsse noch eine Reihe von Mini-Schulen im Slumgebiet von Port au Prince auf Haiti bauen.

In seinen ersten Priesterjahren war er Dozent für Philosophie in Holland. Aber er merkte bald, dass seine Lebensphilosophie eine andere war, weshalb er in Port au Prince eine neue Aufgabe unter den Straßenkindern im Elendsviertel von Soleil übernahm. Eines Tages verlor er die Fassung, weil er die Not der Menschen in ihren Hütten und Baracken nicht mehr ertragen konnte. Nachdem er abends seine Koffer gepackt hatte, um nach Holland zurückzukehren, begab er sich nochmals in sein bisheriges Arbeitsgebiet. Auf einem von lehmigen Wasserpfützen übersäten Durchgang zwischen den Hütten liefen ihm plötzlich einige fröhliche und lachende Kinder entgegen.

„Pater Bohnen, warum bist du eigentlich so traurig?", fragte eines der Mädchen. Sie war vielleicht zehn oder elf Jahre alt. Pater Bohnen erzählte mir später, dies sei für ihn ein Schlüsselwort fürs Leben geworden. Er habe seine Koffer wieder ausgepackt und von neuem angefangen. Über 30 Jahre wirkte er in Port au Prince, mitten in einem Elend, wie man es sich schlimmer nicht vorstellen kann. Er baute 134 Mini-Schulen für Alphabetisierung und Grundschulunterricht und rief die Aktion „Bohnen für Bohnen" ins Leben, die täglich einige hundert Familien mit Reis und Bohnen versorgt.

Pater Bohnen ist ein Heiliger des Alltags. Ich könnte viele andere nennen, die ich kennen lernte: Salesianer, Don Bosco-Schwestern oder Mitarbeiter, die ohne viel Aufhebens ein wunderbares Zeugnis ihrer Berufung gaben und geben. So denke ich zum Beispiel an Pater Ntamitalizzo: Er nahm als einziger Schwarzafrikaner am Generalkapitel 1978 in Rom teil. Er redete nie, aber eines Tages meldete er sich doch zu Wort: „Es wird Zeit, dass Don Bosco nach Schwarzafrika kommt",

Jesus, Freund der Kinder, Cochem-Brauheck 1993

meinte er bei einer der Vollversammlungen. Alle waren perplex, denn beim aufkommenden Personalmangel in der Kongregation hatte man andere Probleme, als neue Häuser und Zentren in Afrika zu errichten. Pater Ntamitalizzo selbst kam aus Ruanda, wo er segensreich unter der Jugend wirkte und sich für die Verständigung zwischen Tutsis und Hutus einsetzte. Später wurde er in Bujumbura ermordet. Aber die Saat ging auf.

Aber wenn auch niemand lebendiger ist als ein toter Heiliger, so denke ich mit Hochachtung an viele, die noch leben und noch mitten im Alltag tätig sind.

Ein Heiliger besonderer Art ist sicherlich Bruder Raimundo Mesquita aus Belo Horizonte in Brasilien. „Nein", sagte er zu mir, „wir holen die Straßenkinder nicht aus ihrem Milieu, sondern wir verändern zusammen mit ihnen die Situation in den Favelas, aus denen sie kommen." Bruder Raimundo gründete das Werk der „Vigilantes mirins", der aufmerksamen und hellwachen Mädchen und Jungen, die aber keine Zeit haben, eine reguläre Schule zu besuchen, weil sie oft schwer arbeiten müssen für ihre vielköpfige Familie. Er half mit, dass die Arbeit der Kinder in geregelten Bahnen verläuft und der Schulunterricht nicht zu kurz kommt. So wachsen die Kontakte zu den Bewohnern der Favelas, aus denen diese Kinder kommen. Heute ist dieses Werk international hoch anerkannt.

Es sind nur einige Beispiele, aber sie erinnern an ein heute fremd klingendes Wort, das Don Bosco eines Tages zu Dominikus Savio sagte: „Hilf mir, damit aus Dir ein Heiliger wird." Das klingt altmodisch, ist aber brandaktuell, denn Heilige sind noch nie vom Himmel gefallen!

Gutes tun (Grafik), Wassenach 2003

Was ihr dem Geringsten ...

von Paul Rodenheber

Witterschlick ist ein kleiner, unscheinbarer Ort in der Nähe von Bonn. Hier ereignete sich im Winter 1941/42 – mitten im Krieg – Folgendes:

In dem nahe gelegenen aufgehobenen Benediktinerkloster Endenich waren viele jüdische Frauen kaserniert. Von dort zog eine Kolonne alter und junger Frauen frierend und hungernd über die Witterschlicker Hauptstraße zum einige Kilometer entfernten Bahnhof Kottenforst. Dort wurden sie zu Gleisbauarbeiten eingesetzt. Alle Frauen waren mit dem gelben Judenstern gezeichnet, den sie mit angewinkeltem Arm mühsam zu verdecken suchten. Abends zogen sie zurück, und am nächsten Tag mussten sie sich wieder zu den Gleisbauarbeiten schleppen. Da trat plötzlich auf der Hauptstraße eine tapfere und unerschrockene Frau vor diese von einer Wachmannschaft bewachte Kolonne. Die Kolonne hielt. Die Frau hatte einen Korb in der Hand, gefüllt mit Butterbroten, die sie den überraschten und sich zunächst zurückhaltenden Frauen überreichte. Juden war es verboten, jedwede Hilfe von Deutschen anzunehmen. Umgekehrt war es auch Deutschen verboten, Juden zu helfen.

Die Wache hielt sich zurück und ließ die Frau gewähren. Nachdem sie alle Brote verteilt hatte, zog die Kolonne weiter. Am nächsten Tag wiederholte sie ihre Brotverteilung. Da trat eine junge Jüdin auf sie zu und zog aus ihren Kleidern ein kleines Geschenk: Als sie ihre Wohnung verlassen musste, konnte sie sich nicht von einem Paar schwarzer Lackschuhe trennen, die sie nun mit Tränen in den Augen ihrer Brotgeberin schenkte. Dann zog die Kolonne weiter. Kurz darauf wurden sie mit vielen anderen auf dem Bonner Güterbahnhof in Güterzüge verladen und zum Vernichtungslager Auschwitz transportiert.

Diese mutige, unerschrockene Frau war meine Mutter. Doch wie viele Frauen und Männer handelten in dieser Zeit ebenso – und wie viele tun Gleiches auch noch heute!

Ich habe Brot gekauft (Grafik), Wassenach 2002

Namenstag

von Norbert Hannappel

Heilige sind die, welche mit ihrem Wesen und Leben verkünden, dass Gott lebt." Mit diesem Wort des schwedischen Bischofs und Friedensnobelpreisträgers Nathan Söderblom (1866 bis 1931) grüße ich Sie zu Ihrem Namenstag.

Sie tragen einen Namen. Durch Ihren Namen werden Sie ganz persönlich ansprechbar. Dass Menschen einen Namen haben, stiftet zudem Verbundenheit. In Vergangenheit und Gegenwart trugen und tragen unzählige, ganz unterschiedliche Menschen den gleichen Namen wie Sie. Und: Mit Ihrem Namen sind Sie einer Heiligengestalt anvertraut. Diese ist Ihnen in besonderer Weise Vorbild, aber auch Fürsprecher bei Gott. Daran erinnert Sie Ihr Namenstag.

Heilige waren und sind Zeugen für Gottes Gegenwart. Sie sind Fenstern gleich, durch die uns Gottes Liebe wie die Sonne entgegenstrahlt. Durch ihr Reden und Handeln machen sie durch die Zeiten hindurch menschlich greifbar, wie Gott ist: nah, liebevoll, lebendig. Bei aller menschlichen Begrenztheit setzen sie ganz auf ihre Beziehung zu Gott. Heilige erkennen, dass Gott selbst Ursprung und Ziel des Lebens ist. Sie erfahren sich als Kinder Gottes, von ihm geschaffen, gerufen, geliebt. Aus diesem Bewusstsein heraus teilen sie ihr Leben mit anderen. Daher sind heilige Menschen zu allen Zeiten wertvoll und wichtig.

Wenn wir von Heiligen sprechen, meinen wir zumeist die von der Kirche heilig Gesprochenen. Dabei wird oft übersehen: Die Bibel spricht im Neuen Testament von „den Heiligen" und meint damit alle Mitglieder der jungen Kirche. Durch Gottes Geist sind die Christen geheiligt, so dass sie Heilige heißen können. Eindrucksvoll schreibt der Verfasser des Kolosserbriefes (3,12) an die Getauften in der Gemeinde von Kolossä: „Ihr seid von Gott geliebt, seid seine auserwählten Heiligen. Darum bekleidet euch mit aufrichtigem Erbarmen, mit Güte, Demut, Milde, Geduld." Was für die Christen in Kolossä gilt, sagt der Namenstag auch Ihnen neu zu: Sie sind von Gott auserwählt. Er hat Sie ins Leben gerufen und Ihnen unwiderruflich seine Liebe zugesagt.

Heilig (Grafik), Wassenach 2005

Beate Heinen

von Hans Nitsche

Beate Heinen ist eine Künstlerin, die ebenso abstrakt wie konkret, ebenso dynamisch wie zurückhaltend-ruhig und ebenso provokativ wie gefällig malen kann. Sie ist eine Frau, die sagt, was sie denkt, die tut, was sie für richtig hält, und die malt, was sie glaubt. „Ihre Bilder", kommentierte einmal Jürgen Nabbefeld, „sind Meditationen. Sie sind zugleich Betrachtung unseres Glaubens wie Auseinandersetzung mit unserer Realität. Sie sind die Übersetzung unseres Glaubens in Symbole unserer Zeit." Ihr Traum:

„Ich träume von einem farbigen Kirchenfenster auf Sichthöhe: Mutter mit Kindern, nicht verklärt, ganz einfach im Stress des Alltags: Mutter-Fenster; Schwester-Fenster; Heiligkeit anders buchstabiert: ganz nah, ganz konkret; heilig nicht durch Wunder, nicht durch Außergewöhnliches. Heilig durch Gewöhnliches, Selbstverständliches: Hier bin ich, Herr, mit deinem Auftrag, mit meinem Wollen, mit meinem Weg."

Mutterfenster, Wassenach 2001

Verzeichnis der Abbildungen

(Nr. = Bestellnummer Kunstverlag Maria Laach)

Anmerkungen

1 Aus: Ansprache von Papst Benedikt XVI. beim Weltjugendtag: Vigil am 20.8.05 (Quelle: www.wjt.de)

2 Vgl. Etymologisches Wörterbuch des Deutschen, dtv, 2. Aufl., München 1997

3 Notker Wolf, in: Vera Schauber, Hanns Michael Schindler, Heilige und Namenspatrone im Jahreslauf, Augsburg 1993, S. VI

4 Aus: Joachim Sikora, Hans Nitsche (Hg.), Joachim Kardinal Meisner – unterwegs, Bad Honnef 2000, S. 126 f.

5 Aus: Axel Werner, Adolph Kolping – Patron des Weltjugendtages 2005 in Köln, Köln 2005

6 Die Texte sind entnommen dem Gebetszettel der Pallottiner anlässlich der Eröffnung des Seligsprechungsverfahrens am 25. Mai 2003, Vallendar 2003

7 ebenda

8 Vgl. www.heiliggeist-seminar.de

9 Klaus Hemmerle, zitiert nach: www:cssr.at/prarchiv

Dank

Das Buch konnte nur entstehen dank der Hilfe von

Papst Johannes Paul II., dem **ars liturgica Kunstverlag Maria Laach**, Ralph **Bergold**, Hermann-Josef **Block**, Peter **Bollig**, Rupert **Breit**, Remigius **Chmurzynski**, Drutmar **Cremer**, Karl-Josef **Derckum**, Stefan **Diefenbach**, Marie-Sophie **Dumoulin-Leszczynski**, Klaus **Fickler**, Elvira **Fieber**, Franz-Heinrich **Fischler**, Friedhelm **Geller**, Annemie **Girgert**, Dieter **Grohmann**, Hildegard **Häner**, Norbert **Hannappel**, Beate **Heinen**, Elisabeth **Heinen**, Bernard **Henrichs**, Sabine **Joachim**, Joachim **Kardinal Meisner**, Ulrich **Karrasch**, Helmut **Kusche**, Martin **Lohmann**, Franz **Lurz**, Benedikt **Müntnich**, Reiner **Nieswandt**, Karl **Oerder**, Stefan **Ohnesorge**, dem **Provinzialat** der Pallottiner, Paul **Rodenheber**, Hans **Runte**, Gerda **Salewski**, Ulrich **Schach**, Wolfgang W. **Scherer**, Gudrun **Schmitz**, Gabi **Schupsky**, Bernward **Siemes**, Reinlinde **Steinhofer**, Franz **Tittelbach**, Axel **Werner**, Elisabeth **Wiedemann**, Wilhelm **Wietkamp**, Leo **Wiszniewsky**, dem **Zentrum für Berufungspastoral**.

Herzlichen Dank

Hans Nitsche *Jürgen Nabbefeld*